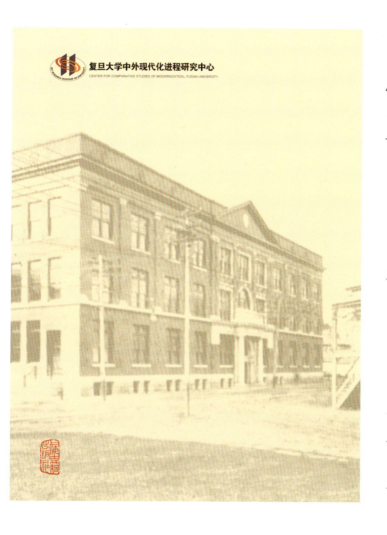

复旦大学中外现代化进程研究中心
CENTER FOR COMPARATIVE STUDIES OF MODERNIZATION, FUDAN UNIVERSITY

近代中外交涉史料丛刊

日俄戰爭清政府因應檔案

吉辰　整理

近代中外交涉史料丛刊

第一辑

复旦大学中外现代化进程研究中心　主编

编委会成员（以姓氏拼音排序）

本辑执行主编：张晓川

明治三十八年十月十六日
内閣總理大臣兼
外務大臣伯爵桂太郎

睦仁

皇（印）

日本國皇帝陛下及全露西亜國皇帝陛下
ハ兩國及其ノ人民ニ平和ノ幸福ヲ回復
セムコトヲ欲シ講和條約ヲ締結スルコ
トニ決定シ之カ為ニ日本國皇帝陛下ハ
外務大臣從三位勲一等男爵小村壽太郎
閣下及亜米利加合衆國駐剳特命全權公
使從三位勲一等高平小五郎閣下ヲ全露
西亜國皇帝陛下ハ「プレジデント、オヴ、ゼ、コムミ
ツテー、オヴ、ミニスタース、オヴ、ゼ、エムパイア、オヴ、ロシア」セクレ

《朴茨茅斯和约》日文本

总　序

梁启超在 20 世纪初年撰《中国史叙论》,将乾隆末年至其所处之时划为近世史,以别于上世史和中世史。此文虽以"中国史叙论"为题,但当日国人对于"史"的理解本来就具有一定的"经世"意味,故不能单纯以现代学科分类下的史学涵盖之。况且,既然时代下延到该文写作当下,则对近世史的描述恐怕也兼具"史论"和"时论"双重意义。任公笔下的近世史,虽然前后不过百来年时间,但却因内外变动甚剧,而不得不专门区分为一个时代。在梁启超看来近世之中国成了"世界之中国",而不仅仅局限于中国、亚洲的范围,其原因乃在于这一时代是"中国民族连同全亚洲民族,与西方人交涉竞争之时代"。不过,就当日的情形而论,中国尚处于需要"保国"的困境之中,遑论与列强相争;而面对一盘散沙、逐渐沦胥的亚洲诸国,联合亦无从说起,所谓"连同"与"竞争"大抵只能算作"将来史"的一种愿景而已。由此不难看出,中国之进入近世,重中之重实为"交涉"二字。

"交涉"一词,古已有之,主要为两造之间产生关系之用语,用以表示牵涉、相关、联系等,继而渐有交往协商的意思。清代以前的文献记载中,鲜有以"交涉"表述两个群体之间的关系者。有清一代,形成多民族一统的大帝国,对境内不同族群、宗教和地域的治理模式更加多元。当不同治理模式下的族群产生纠纷乃至案件，或者有需要沟通处理之事宜时，公文中便会使用"交涉"字眼。比如"旗民交涉"乃是沟通满人与汉人，"蒙民交涉"或"蒙古民人交涉"乃是沟通蒙古八旗与汉人，甚至在不同省份或衙门之间协调办理相关事务时，也使用了这一词汇。乾隆中叶以降，"交涉"一词已经开始出现新的涵义，即国与国之间的协商。这样的旧瓶新酒，或许是清廷"理藩"思维的推衍与惯性使然，不过若抛开朝贡宗藩的理念，其实质与今日国际关系范畴中的外交谈判并无二致。当日与中国产生"交涉"的主要是陆上的邻国，包括此后被认为属于"西方"的沙俄，封贡而在治外的朝鲜与服叛不定的缅甸等国。从时间上来看，"交涉"涵义的外交化与《中国史叙论》中的"乾隆末年"基本相合——只是梁启超定"近世史"开端时，心中所念想必是马嘎尔尼使华事件，不过两者默契或可引人深思。

道光年间的鸦片战争，深深改变了中外格局，战后出现的通商口岸和条约体制，致使华洋杂处、中外相联之势不可逆转。故而道咸之际，与"外夷"及"夷人"的交涉开始增多。尤其在沿海的广东一地，因涉及入城问题等，"民夷交涉"蔚然成为一类事件，须由皇帝亲自过问，要求地方官根据勿失民心的原则办理。在《天津条约》规定不准使用"夷"字称呼外人之前一年，上谕中也已出现"中国与外国交涉事件"之谓，则近百年间，"交涉"之对象，由"外藩"而"外夷"，再到"外国"，其中变化自不难体悟。当然，时人的感触与后见之明毕竟不同，若说"道光洋艘征抚"带来的不过是"万年和约"心态，导致京城沦陷的"庚申之变"则带来更大的震慑与变化。列强获得直接在北京驻使的权力，负责与之对接的总理衙门成立，中外国家外交与地方洋务交涉进入常态化阶段。这是当日朝廷和官员施政新增的重要内容。因为不仅数量上"中外交涉事件甚多","各国交涉事件甚繁",而且一旦处置不当,将造成"枝节丛生,不可收拾"的局面,所以不得不"倍加慎重",且因"办理中外交涉事件,关系重大",不能"稍有漏泄",消息传递须"格外严密"。如此种种,可见从同治年间开始,"中外交涉"之称逐渐流行且常见,"中外交涉"之事亦成为清廷为政之一大重心。

在传统中国,政、学之间联系紧密,既新增"交涉"之政,则必有"交涉"之学兴。早在同治元年,冯桂芬即在为李鸿章草拟的疏奏中称,上海、广州两口岸"中外交涉事件"尤其繁多,故而可仿同文馆之例建立学堂,往后再遇交涉则可得此人才之力,于是便有广方言馆的建立。自办学堂之外,还需出国留学,马建忠在光绪初年前往法国学习,所学者却非船炮制造,而是"政治交涉之学"。他曾专门写信回国,概述其学业,即"交涉之道",以便转寄总理衙门备考。其书信所述主要内容,以今天的学科划分来看大概属于简明的国际关系史,则不能不旁涉世界历史、各国政治以及万国公法。故而西来的"交涉之学"一入中文世界,则与史学、政教及公法学牵连缠绕,不可区分。同时,马建忠表示"办交涉者"已经不是往昔与一二重臣打交道即可,而必须洞察政治气候、国民喜好、流行风尚以及矿产地利、发明创造与工商业状况,如此则交涉一道似无所不包,涵纳了当日语境下西学西情几乎所有内容。

甲午一战后,朝野由挫败带来的反思,汇成一场轰轰烈烈的变法运动,西学西政潮水般涌入读书人的视野。其中所包含的交涉之学也从总署星使、疆臣关道处的职责攸关,下移为普通士子们学习议论的内容。马关条约次年,署理两江的张之洞即提出在南京设立储才学堂,学堂专业分为交涉、农政、工艺、商务四大类,其中交涉类下又有律例、赋税、舆图、翻书(译书)之课程。在张之洞的设计之中,交涉之学专为一大类,其所涵之广远远超过单纯的外交领域。戊戌年,甚至有人提议,在各省通商口岸无论城乡各处,应一律建立专门的"交涉学堂"。入学后,学生所习之书为公法、约章和各国法律,接受交涉学的基础教育,学成后再进入省会学堂进修,以期能在相关领域有所展布。

甲午、戊戌之间,内地省份湖南成为维新变法运动的一个中心,实因官员与士绅的协力。盐法道黄遵宪曾经两次随使出洋,他主持制定了《改定课吏馆章程》,为这一负责教育候补官员和监督实缺署理官员自学的机构,设置了六门课程:学校、农工、工程、刑名、缉捕、交涉。交涉一类包括通商、游历、传教一切保护之法。虽然黄遵宪自己表示"明交涉"的主要用意在防止引发地方外交争端,避免巨额赔款,但从课程的设置上来看包含了商务等端,实际上也说明即便是内陆,交涉也被认为是地方急务。新设立的时务学堂由梁启超等人制定章程,课程中有公法一门,此处显然有立《春秋》为万世公法之意。公法门下包括交涉一类,所列书目不仅有《各国交涉公法论》,还有《左氏春秋》等,欲将中西交涉学、术汇通的意图甚为明显。与康梁的经学理念略有不同,唐才常认为没必要因尊《公羊》而以《左传》为刘歆伪作,可将两书分别视为交涉门类中的"公法家言"和"条例约章",形同纲目。他专门撰写了《交涉甄微》一文,一则"以公法通《春秋》",此与康梁的汇通努力一致;另外则是大力鼓吹交涉为当今必须深谙之道,否则国、民利权将丧失殆尽。在唐才常等人创办的《湘学报》上,共分六个栏目,"交涉之学"即其一,乃为"述陈一切律例、公法、条约、章程,与夫使臣应付之道若何,间附译学,以明交涉之要"。

中国传统学问依托于书籍,近代以来西学的传入亦延续了这一方式，西学书目往往又是新学门径之书。在以新学或东西学为名的书目中，都有"交涉"的一席之地。比如《增版东西学书录》和《译书经眼录》，都设"交涉"门类。两书相似之处在于将"交涉"分为了广义和狭义两个概念，广义者为此一门类总名，其下皆以"首公法、次交涉、次案牍"的顺序展开，由总体而个例，首先是国际法相关内容，其次即狭义交涉，则为两国交往的一些规则惯例，再次是一些具体个案。

除"中外交涉"事宜和"交涉之学"外，还有一个表述值得注意，即关于时间的"中外交涉以来"。这一表述从字面意思上看相对较为模糊，究竟是哪个时间点以来，无人有非常明确的定义。曾国藩曾在处理天津教案时上奏称"中外交涉以来二十余年"，这是以道光末年计。中法战争时，龙湛霖也提及"中外交涉以来二十余年"，又大概是指自总理衙门成立始。薛福成曾以叶名琛被掳为"中外交涉以来一大案"，时间上便早于第二次鸦片战争。世纪之交的1899年，《申报》上曾有文章开篇即言"中外交涉以来五十余年"，则又与曾国藩所述比较接近。以上还是有一定年份指示的，其他但言"中外交涉以来"者更不计其数。不过尽管字面上比较模糊，但这恰恰可能说明"中外交涉以来"作为一个巨变或者引出议论的时间点，大约是时人共同的认识。即道咸年间，两次鸦片战争及其后的条约框架，使得中国进入了一个不得不面对"中外交涉"的时代。

"交涉"既然作为一个时代的特征，且历史上"中外交涉"事务和"交涉"学又如上所述涵纳甚广，则可以想见其留下的相关资料亦并不在少数。对相关资料进行编撰和整理的工作，其实自同治年间即以"筹办夷务"的名义开始。当然《筹办夷务始末》的主要编撰意图在于整理陈案，对下一步外交活动有所借鉴。进入民国后,王彦威父子所编的《清季外交史料》则以"史料"为题名,不再完全立足于"经世"。此外,出使游记、外交案牍等内容,虽未必独立名目,也在各种丛书类书中出现。近数十年来,以《清代外务部中外关系档案史料丛编》、《民国时期外交史料汇编》、《走向世界丛书》(正续编)以及台湾近史所编《教务教案档》、《四国新档》等大量相关主题影印或整理的丛书面世,极大丰富了人们对近代中外交涉历史的了解。不过,需要认识到的是,限于体裁、内容等因,往往有遗珠之憾,很多重要的稿钞、刻印本,仍深藏于各地档案馆、图书馆乃至民间,且有不少大部头影印丛书又让人无处寻觅或望而生畏,继续推进近代中外交涉相关资料的整理、研究工作实在是有必要的,这也是《近代中外交涉史料丛刊》的意义所在。

这套《丛刊》的动议,是在六七年前,由我们一些相关领域的年轻学者发起的,经过对资料的爬梳,拟定了一份大体计划和目录。复旦大学中外现代化进程研究中心的章清教授非常支持和鼓励此事,并决定由中心牵头、出资,来完成这一计划。以此为契机,2016年在复旦大学召开了"近代中国的旅行写作、空间生产与知识转型"学术研讨会,2017年在四川师范大学举办了"绝域辀轩:近代中外交涉与交流"学术研讨会,进一步讨论了相关问题。上海古籍出版社将《丛刊》纳入出版计划,吕瑞锋先生和乔颖丛女士等为此做了大量的工作。由于发起参与的整理者大多是研究者,所以大家都认为应该本着整理一本,深入研究一本的态度,这一态度也可以在每一种资料的研究性前言中得以体现。《丛刊》计划以十种左右为一辑,陆续推出,我们相信这将是一个长期而有意义的历程。

张晓川

整理凡例

一、本《丛刊》将稿、钞、刻、印各本整理为简体横排印本,以方便阅读。

二、将繁体字改为规范汉字,除人名或其他需要保留之专有名词外,异体、避讳等字径改为通行字。

三、原则上保持文字原貌,尽量不作更改,对明显讹误加以修改,以〔 〕表示增字,以( )表示改字,以□表示阙字及不能辨认之字。

四、本《丛刊》整理按照国家标准标点符号用法,进行标点。

五、本《丛刊》收书类型丰富,种类差异较大,如有特殊情况,由该书整理者在前言中加以说明。

目　录

总序 …………………………………………………………… 1

整理凡例 ……………………………………………………… 1

前言 …………………………………………………………… 1

日俄韩三国总案 ……………………………………………… 1

　　日俄两军各在辽西附近招匪案 ………………………… 3

　　日俄往来信件案 ………………………………………… 44

　　朝鲜赴日祝捷案 ………………………………………… 48

日俄议和总案 ………………………………………………… 51

　　调停日俄战事案 ………………………………………… 53

　　中国对于日俄和议声明事件案 ………………………… 64

　　对日俄议和筹议因应案 ………………………………… 76

　　关于日俄议和条款案 …………………………………… 104

　　关于日俄撤兵日期及驻兵护路案 ……………………… 145

　　祝贺日俄和议案 ………………………………………… 164

日俄将协议东三省事宜案 …………………………………… 169

东三省善后总案 …………………………………………… 173

东三省善后案 ……………………………………………… 175

论满洲善后案 ……………………………………………… 195

日英同盟及论经营满洲案 ………………………………… 200

日俄和后日英新约案 ……………………………………… 209

日俄议和后中国开弛中立案 ……………………………… 213

吉林筹办善后并派员备顾问案 …………………………… 218

黑龙江派员密商善后案 …………………………………… 221

关于收回东三省案 ………………………………………… 224

东三省自开商埠案 ………………………………………… 230

吉林垦荒案 ………………………………………………… 233

库伦浚地设垦局案 ………………………………………… 236

尹克昌条陈案 ……………………………………………… 239

前　言

　　日俄战争是中国近代史上极为重要的一页,在中俄/中日关系、清末立宪、东三省改制等方面产生了深远的影响。对于这场战争,日、俄两个当事国自战后陆续出现了质与量皆为可观的研究。相对而言,在同为当事国的中国,对日俄战争的研究是比较逊色的。个中原因多有,文献不足征便是其中之一。本书的出版,或能对相关研究推进一二。

　　本书系将清末外务部档案中的三种档册汇编整理而成。这批档案原藏国家图书馆,是 2003 年由全国图书馆文献缩微复制中心影印出版的《国家图书馆藏清代孤本外交档案》(以下简称《孤本档案》)中的一部分,此前未经整理,绝大多数内容他处未见。鉴于《孤本档案》的序言对档案性质言之不甚详细,在此有必要作一补充介绍。

　　《孤本档案》的内容皆系总理衙门、外务部清档。所谓清档,即原档的清缮件。在总理衙门成立之初,即从国史馆、方略馆挑选供事 16 人(后增至 44 人、48 人)负责清缮。① 同治三年(1864),恭亲王奕䜣等人奏请设立清档房,由新入总理衙门的章京掌管,负责

① 李文杰:《中国近代外交官群体的形成(1861—1911)》,北京:生活・读书・新知三联书店,2017 年,第 122—123、216—217 页。

清档的抄录、编辑与校对,以便在修档的同时让新手熟悉业务。所修清档,每季一次呈送堂官审阅。① 总理衙门改为外务部后,清档制度继续运行。现存总理衙门、外务部清档的大宗在清亡之后先后被北京政府、国民政府外交部接收,国共内战末期被运往台湾,1955 年移交中研院近代史研究所(同时移交的还有大量原档)。他处收藏的清档,目前所知者在国家图书馆(原北京图书馆)、故宫博物院、北京大学图书馆、北京师范大学图书馆、南开大学图书馆几处,其中国图所藏多达 324 册。②

至于作为外交档案的清档何时流散出来,详情目前不甚清楚,最大的可能或许是在 20 世纪二三十年代。1929—1935 年间任清华大学历史系主任的蒋廷黻在回忆录中写道:"由于革命和武装政变在北平接二连三地发生,有些老衙门的档案均被弃置,无人管理。有些档案在北平当废纸卖。我为清华成吨购买。"③1934 年,蒋廷黻还曾发表谈话指出:"关于我国档案保管,在清代之军机处档、总理衙门档,管理方法均甚佳好,可见当时政府,对于档案之重视。民国以还,档案保管,反漫不经心,此实由于政治之未上轨道,保管上遂有怪现象之发生,有因此前任卸职,而将机要档案携去,使继任人员,对于案件无从办理;有因系机关之经费无着,而被职员作为废纸盗卖者,清华学校自征求政府刊物后,搜罗此类之档案

① 《奕䜣等奏洋务愈剧人少事多酌拟变通章程五条呈览折》,同治三年八月二十日,中华书局编辑部、李书源整理:《筹办夷务始末(同治朝)》第 3 册,北京:中华书局,2008 年,1215—1216 页。
② 对总理衙门清档较早的史料学解说,见张守常:《〈筹办夷务始末〉·〈洋务纪事本末〉·〈总理衙门清档〉》,中国历史文献研究会编:《中国历史文献研究集刊》第 2 集,长沙:湖南人民出版社,1981 年。关于极少为学界所知的南开所藏清档,见付贵久:《津门读史札记》,天津:天津社会科学院出版社,2015 年,第 260—268 页。
③ 蒋廷黻:《蒋廷黻回忆录》,长沙:岳麓书社,2003 年,第 133 页。

甚多,平均每星期多至七八十种,且多为外界不常经见之物。"①其他大学及学术机关如北京大学、中研院历史语言研究所亦有大规模收购档案之举。以清华为例,1935年整理就绪的档案有8 000余件,正在整理的更多达5万件以上,以清末民初兵部、陆军部档案为大宗。② 总理衙门、外务部清档的流散,或在这一时期。

本书所收录的清档为《日俄韩三国总案》《日俄议和总案》《东三省善后总案》三种,内容为日俄战争期间外务部与驻外公使、各国驻华公使、东三省大员等处的来往公文(大多数为收文),事关对相关情报的搜集、对丧失利权的争取、对战地损害的调查等,体现了战争中清政府的因应措施。

《日俄韩三国总案》系《孤本档案》第44册的一部分,包括4个卷宗,其中《韩民越界滋扰案》因与日俄战争无甚关系,略去不收。《日俄两军各在辽西附近招匪案》占了这一总案的绝大多数篇幅,可能也是书中最令人感兴趣的部分。日俄战争期间,日俄两军在战区及中立区域招募了数量可观的中国人作为非正规军,其中多数本是"马贼"或曰"响马""红胡子"之流,比较著名的分支有日本陆军中佐花田仲之助(化名花大人)指挥的"满洲义军"、陆军中佐桥口勇马(化名乔铁木)指挥的"东亚义勇军"。不少曾经参战的马贼头目,日后成了东北军政要人,如冯麟阁、张海鹏等人。

①《大公报》1934年6月23日,转引自殷钟麒:《中国档案管理新论》,《档案学通讯》杂志社编:《档案学经典著作》第2卷,北京:世界图书出版公司,2013年,第706—707页。

② 关于清华搜求旧档案的详情,可参见吴晗:《清华大学所藏档案的分析》,《中国近代经济史研究集刊》第2卷第2期,1935年。同号所载《中研院历史语言研究所所藏档案的分析》(徐中舒)、《北京大学所藏档案的分析》(赵泉澄)、《故宫博物院文献馆所藏档案的分析》(单士元)三文亦值得参考。可惜的是,以上诸文皆未提及总理衙门、外务部清档。

战争期间,日俄双方一贯指责对方利用中国马贼,同时否认己方有这样的举动,并一再抗议清政府没有严守中立。《招匪案》的诸多文件反映了清政府在马贼问题上所处的这种两头受气的窘境。

《日俄议和总案》系《孤本档案》第48册全部,2009年还曾以《清末外务部日俄战争议和档案》的题名由全国图书馆文献缩微复制中心出版单行本,包括《调停日俄战事案》等7个卷宗。这一总案记录了日俄议和前夕到议和告成后清政府对议和的关注及对策。议和开始之前,驻俄公使胡惟德、驻奥公使杨晟曾先后提议由清政府出面调停战事,以便早日结束兵祸,清政府对此亦有积极态度,然而未能付诸实施。议和开始之后,为避免日俄两国擅自就中国利权进行交易,清政府向包括日俄在内的各国声明,和约内若有与中国相关的内容,"凡此次未经与中国商定者,一概不能承认"。同时,各驻外公使也纷纷报告由各自情报渠道得来的议和动态,并有所建言。若从实用主义角度衡量,在日俄两国不容他国置喙议和的情况下,以上举措基本上没有什么明显的收效。然而在外交史的视角下,对这些史实的梳理无疑有助于衡量当时外务部、驻外公使对近代外交的掌握程度。

《东三省善后总案》系《孤本档案》第46册的一部分,包括《东三省善后案》等12个卷宗。这一总案的时间段与《日俄议和总案》大体相当,内容比较庞杂。一部分内容主要属于内政,包括东三省交收细节,东三省自开商埠之议,日人中村进午所著《满洲善后策》引发的关注,清政府对第二次英日同盟条约的反应,中立条规的废除及在华俄国舰船回国事宜,吉林、库伦垦荒事务等等。

需要说明的是,本书所收并非《孤本档案》中日俄战争相关档案的全部,余者仍待进一步整理。

最后对本书整理体例略做说明。原件当中本有民国外交部编订的《外交部编档底册》，以表格形式概括了每一案卷的主要内容。此种表格已成为档案的一部分，而且有助于快速掌握档案大要，因此同样收入本书，以楷体表示。每件档案之首亦有民国外交部工作人员以行草书写的简要事由，亦予以保留并以宋体加粗表示。原文误字，以圆括号（）标出正字；原文缺字，以六角括号〔〕补出；原文衍字径删。至于不合现代汉语规范，但在当时属于正常用法的词句，则不予改动。如书中"驳辨""辨论"之"辨"字，按照现代汉语本应作"辩"，但"辨"可作"辩"之通假，亦不算错。书中脚注，皆系整理者所加。

本书整理过程中，承蒙华东师范大学历史系李文杰副教授在史料学方面予以指点并帮助辨识若干草字，友人戴维兄赐示《布拉希海军年鉴》用于确认德国舰名的断句，师弟任丽平君协助确认蒙古人名的断句，学弟郭黎鹏君代为查找资料，谨此一并致谢。责任编辑王赫老师就初稿提出了若干宝贵的修改意见，尤当感谢。当然，整理时可能出现的错误应完全由整理者本人负责。

本书的整理受中央高校基本科研业务费专项资金资助，特此说明。

吉 辰

2019 年 12 月 13 日于粤湘途次

日俄韩三国总案

日俄两军各在辽西附近招匪案

厅/司		科		类共计		件		编	

总事由	**日俄两军各在辽西附近招匪案** 光绪卅年三月盛京将军电称俄招匪数百人屡阻不听,四月北洋大臣报称华民有为日人招马贼队情事,盛京将军称义州彰武两处均有日人招队,北洋大臣查复王文华出示结团及日人魏仲青谈话各情,当经照请日使转饬勿在辽西招匪,俄使照称地方官暗助日人招匪请从严设法,日使则以俄先招匪为词,后向俄使声明地方官无暗助日人而俄之举动有碍中立,即将日俄两使来往照会咨知盛京及北洋,嗣后北洋及盛京各处屡报日俄两军各相招匪,两使各相责问并据探知两军招匪接触开仗各情由。

年	月	日	收	发	某机关文	事　由	原件	
							字	号
光绪卅	三	二十二	收		盛京将军增祺等电	俄招匪队据各报称管带内有千总张占元等除照会俄官饬其速回应请将该员等革职由		
	四	初九	收		北洋大臣袁世凯文	华民为日本招匪事抄录绥中县电禀并复电请查照由		

（续表）

年	月	日	收	发	某机关文	事　由	原件	
							字	号
	五	十九	收		盛京将军增祺等文	奉省当战地之冲俄招匪而日亦招匪已……①		
					附录再启	……②		
					附录再启二	接彰武镇安两县称金兽山招队为日员带往边外由		
					附录抄折	镇安县马令密禀金寿山代日招队由		
					附录批令	批镇安县马令密禀金寿山代日招队宜加意防范由		
					附录函稿	义州知州瑞安禀送日员西乡秀吉来函请勿阻该员所带人等由		
					附录函稿二	义州瑞安复日员缓往辽西候令再达如不能缓并望绕道由		
					附录义州禀	日员函请准与假道赴辽西除函复外请即批示由		
					附录批令	批义州瑞安禀宜于境内加意防范如有匪徒滋扰即行查拿由		

①　以下残缺。
②　此处残缺。

（续表）

年	月	日	收	发	某机关文	事　由	原件字	号
					附录抄折	湘粤人在彰武县北代日招队该县令禀报请示由		
		二十一	收		北洋大臣袁世凯函	建昌县王文华等招勇被逮各情事由		
					附录密件一	王洛文呈出刊印七言告白由		
					附录密件二	日使乔铁木函稿由		
					附录密件三	与魏仲青问答言语由		
		二十五		发	日本内田公使照会	请饬日人勿在辽西招匪致碍中立由		
		二十九	收		俄国公使雷照会	日人在沟帮子及附近各处招匪地方官暗助请从严设法以绝……①及日人妄为由		
	六	初二	收		日本公使内田康哉照会	本国并无招匪情事俄……②匪请照会俄国查禁由		
		初四		发	俄国雷公使照会	日本在辽西招匪地方官严守中立并不暗助由		

---

① 此处残缺。
② 此处残缺。

（续表）

年	月	日	收	发	某机关文	事 由	原件	
							字	号
				发	俄国雷公使照会	据日使照复日员并无招匪情事俄人举动有碍中立请查禁等情由		
				发	盛京将军北洋大臣文	俄使照称日本在辽西招匪等情抄录来往照会咨行查禁由		
		初九	收		北洋大臣袁世凯文	准咨开俄使照称日本在辽西招募华人事已饬地方官查禁由		
		十八	收		俄国雷公使照会	请速设法将蒙古及满洲西部日人退去并请办法见复及转知各国由		
		二十四	收		北洋大臣袁世凯电	转辽西探电已电朝阳文武探防由		
			收		热河都统松文	准东土默特旗移开白土厂门四堡子等处有日本招队情事除由该旗呈报奉省外请照会日使查禁由		
		二十九	收		盛京将军增祺等文	密报俄人招募华队由		
	十	初五	收		盛京将军增祺等文	日人擅入蒙界招聚营匪咨请核办由		

（续表）

年	月	日	收	发	某机关文	事　由	原件	
							字	号
光绪卅一	正	十一	收		北洋大臣文	据新民府禀称俄与日本招匪在辽界开仗由		
					附录抄折	日俄在辽海地面接仗情形由		
		十七	收		俄国雷公使照会	日人由附近蒙古地方与胡匪攻打铁路并将东三省西各股胡匪招充当差显背中立据政府训条请严切驳阻并杜绝地方官纵容由		
		二十一		发	理藩院文	俄使照称日招蒙匪攻俄应飞饬各蒙旗查禁由		
				发	日本内田公使照会	俄使照称日在中立境内招匪如有其事希饬查明沮止由		
		二十三	收		理藩院文	准咨开俄使照称附近蒙古有胡匪攻铁路桥已飞札该盟长禁阻由		
				发	俄国雷公使照会	日在中立境内招匪地方官断无相助情事已饬查明申禁由		
		二十四	收		北洋大臣文	关外铁路站长禀报俄兵与日本所招之胡匪开仗情形由		

（续表）

年	月	日	收 发		某机关文	事　由	原件	
							字	号
		二十六	收		日本内田公使照会	所称日本兵及胡匪经过中立地方已转达本国政府由		
	二	二十七	收		吉林将军文	日军在新安镇地方招降蒙匪滋扰煽惑请照会日使饬禁由		
	三	二十七	收		盛京将军等函	查复日人招匪俄先犯中立情形及蒙古地名人名由		
					附录抄件	蒙古地名人名译音照各处牍报情形及其时日摘要备核由		
	四	初六	收		盛京将军等文	查复太平岭日军并华人攻击俄军事系日招辽匪并无中国团练助击情形由		

光绪三十年三月廿二日收盛京将军增祺等电一件

俄招匪队据各报称管带内有千〔总〕张占元等除照会俄官饬其速回应请将该员等革职由

光绪三十年三月二十二日收盛京将军增祺等电称：俄招匪队数百人，屡阻不听，现随俄员马得力多夫开往东边一带。据各处报称，管带数人内有千总张占元、旗人冷振东，俱前年为俄木植公司所招；千总李得胜，不悉其人；惟游击齐玉春，曾经充过营官，竟自私应俄招，殊背中立条规。除照会俄官饬其速回以符公例，应请将该员先行革职，候另行撤办。可否代奏，请钧酌。祺、杰。二十日。

光绪三十年四月初九日收北洋大臣袁世凯文一件

华民为日本招贼事抄录绥中县电禀并复电请查照由

光绪三十年四月初九日收北洋大臣袁世凯文称：据奉天绥中县知县程令恩荣电禀称，四月初二华民路成荫、王庆全来县，为日本招马贼队，当扣该犯。初五，日本人内籐（藤）顺太郎来县索犯，认系伊派。查卑县，关外首站，在辽河极西，折以中立条规，据称已与袁宫保、马宫保议明，官不闻问。确否？叩速示遵。若假，请饬该领事照约办理等情前来。当经本大臣电覆云：微电悉。中国严守中立，早经奉旨宣布。日人招匪，断无与本大臣暨马宫保议明之事，自系假冒官饬，有违禁令。仰将内籐（藤）差解，交津海关道转送驻津日本领事官讯办。路、王两犯既受日人指示，应解交锦州陈道，会商津海关道讯办等因。除分行外，相应咨呈贵部，谨请查照。

光绪三十年五月十九日收盛京将军增等函一件
密件　严守中立并东督交涉情形由

光绪三十年五月十九日收盛京将军增等函称：日俄开战，中国严守局外中立，叠次奉旨宣布。惟前因辽河以西本为俄已交还之地，而俄则每谓不能以局外视之，且遇事强执，并屡称不认满洲地方官中立，以及招募匪队、扰害商民一切情形，曾屡经电咨在案。月前复据统领朱庆澜禀报，日人亦于辽西一带有招抚匪首冯麟阁、金兽山①等之举，亦经随时电闻。盖奉省现当战地之冲，俄招匪而日亦招匪，俄既不肯以辽西视同局外，而日亦即于此地招致匪兵。为法自敝，俄固无说，而我犹可以中立自诿也。乃昨据绥中县禀，以日员两(内)藤顺太郎招匪，曾有与袁、马两宫保议明之说。业由该县电请北洋大臣，查无其事，将该日员解赴天津。顷又叠据广宁、新民、镇安各属密禀，金兽山等为日招队，各处盘踞，真假无凭查察，深以滋事为虑。而义州知州瑞安禀称，该日员西乡秀吉致该州函内又以京外大臣许以帮助之说公然形诸楮墨。彰武县禀以称有人在沙坨地方声称奉马宫保之谕为日本招兵，已在省城见过上宪、营务处，民间颇为所惑等语。纷纷请示前来。查匪徒藉事生风，固所难免，托词假冒，焉足取信于人。然似此以讹传讹，殊于局外中立诸有不便。除已批饬两国战事既非我所应干涉，仍须恪守中立，将地方加意防范以免疏虞，并传谕妥慎，勿得轻滋枝节外，兹将该州县原禀并往来各函稿一并录呈，察核指示为盼。谨此肃陈，祗请崇安，诸惟垂察。增祺、廷杰谨肃。

---

① 　金兽山，应为金寿山。"金兽山"一名下文多见，并非笔误，当系清政府在公文中改"匪首"姓名中"吉祥宏大"字眼的惯例所致（如洪秀全改为洪秀泉，萧朝贵改为萧潮溃，张宗禹改为张总愚）。

附录再启 日俄招匪俄以为助日日以为党俄因应之策恳请指示由

再密启者：昨与俄员商索扣留枪械，谈次据云，日在辽西招匪，将军、府尹知之与否？答以俄既招匪，日则效尤。彼复云，俄招匪而贵将军、府尹一则曰有碍局外，再则曰有碍中立，今日人招匪，何不以中立见阻？且复州煤窑被抢，东路团练击俄，如此中立，他日再与将军算一总账。又由京来人述晓日员所云，俄在奉省招匪，未闻拦阻，乃日员所招冯麟阁等，何以将军屡次派队追击？又云，日员在锦州一带招队被拿，东省官吏率皆袒俄，俟到奉定要查办各等语。查冯麟阁庚子冬曾被俄捉赴萨合林，逃回后经祺饬营收抚，尚属安分。惟与海城乡团有隙，而该县辄偏听一面，时相攻击。统领朱庆澜于冯招队时亦恐假冒生事，有剿办之请，并未经批准。绥中县程恩荣于日员内藤招匪系径电北洋办理，不免孟浪，然亦事后始据禀闻。查日俄开战，我守中立，本系迫于时势，且于各国声明。而祺等遵守弗敢或渝，恐有所藉口。然俄犹以为助日，日犹以为党俄，风声所至，不免动人听闻。顷各访事人竟有以关外招匪是否助日来相探问者，因应之策将奈之何？惟有恳请指示，以维大局，是为切祷。附肃，再叩崇安。祺、杰谨又肃。

附再启二 据彰武镇安两县称金兽山招队为日员带往边外由

再，封函间又据彰武、镇安两县报称，金兽山等所招之队均为日员带往边外浩洛保等处，并称大车载有地雷赴东北一带埋伏各等语。附此奉闻。谨又肃。

附录抄折 镇安县马令密禀金寿山代日招队由

照录抄折

照录镇安县知县马令祚恺来禀。敬密禀者：窃于光绪三十年四月十二日据卑县西北路巡警局巡总王永誉禀据管界三台屯巡长郭永凤呈据探丁报称,县属之白土厂门有金寿山代日招队,距镇六十里之广界四堡子有巨盗杜立山、冯凌阁二人率领头目刘彩令等各带伙党百余名或数十人不等盘踞,伊即前往查询。该匪等声称,均代日本招兵,与地面秋毫不犯。诘其有无日人督带,则称内有日〔人〕四五名、中外衣服不等、不通中语等情,转报到县。十三日并据巡长郭永凤亦禀同前由。卑职因询该巡总等所禀各情非尽目睹,恐有传闻错误,始则派人往探,果如前报,大略相同。复经各选派妥靠武弁,给特(持)印谕,星夜驰赴,认真访查,务得确情,必须晤见日人,即以中立条约拦阻。去后,兹据原弁禀称,伊等奉谕至彼,正值该匪等散放兵饷,见有日人二三名一同照料,因言语不通,不能晤面。诘金寿山等,回称仍与巡警局所报无异。检出中外合文凭札给伊等阅看,亦未认明是何印信①句。察其词意光明正大,实代日本招兵,并非该匪等自纠党羽可知。迨办(辨)明局外中立不准战国招队定章,向该匪等竭力拦阻,而寿金(金寿)山等遂以专听日人指示遵办,余情慨(概)不闻问,坚不允从,亦未肯转告日人,只得回案禀请核夺前来,并声明百姓虽无骚扰,不免心存惊惶。卑职伏查各该匪等系积年巨盗,作恶多端,屡蒙宪饬严密擒拿在案。今敢明目张胆纠伙盘踞,本应立时剿捕,以正典形(刑),岂可稍事姑容,明知故纵。惟两次探查,视其放饷守法有恃不恐各情,其为日人代招队,谅非无因。窃思值此时事艰难,交涉重大,更宜慎密。一经卤莽从事,后患不堪设想。现既据约拦阻不听,未便轻率往剿,恐致激成巨祸。刻已出示,严禁商民不准投充日兵,并分别移饬巡捕、巡警各队,一体振刷精神,认真防范,严加哨探,以防

① 信字下据辽宁省档案馆藏马祚恺原禀应有"系何语"三字,见辽宁省档案馆编《日俄战争档案史料》,沈阳:辽宁古籍出版社,1995年,第156页。

不测。至该日人各处收匪招兵,于局外中立之例诸多违碍。虽然机律严明,不扰闾阎,乃民心恐怖异长(常),良莠混杂,不特非地方之福,且恐外人查知,藉口寻衅。可否仰恳宪恩,迅即就近照会日员飞饬调回;或电咨外务部诘问驻中日使,严禁招募,以杜衅端;否则准由卑职向日员申明约章拦阻;如终不听,即得派兵将该各匪实力痛剿,以靖地方之处,统俟宪台分晰示谕,星夜飞檄,以便遵办。但卑县兵力单弱,倘蒙允准剿捕,还乞分饬西路各文武地方及驻扎巡捕各统带随时协力兜拿,得免审扰蔓延。愚昧所及,是否有当,理合专兵星夜密禀将军①核,俯赐批示祗遵。临禀不胜盼切之至。除分禀兼抚宪查核,并报本府就近预饬所部防备缓急援助,暨交涉局查照外,肃此具禀,敬请钧安。

附录批令　批镇安县马令密禀金寿山代日招队宜加意防范由

批:禀悉。奉省现居战地,似两战国均不甚以局外视之,以故各在我境招募匪队,碍我中立,而战事又非我所应干涉,实属听阻两难。然在我总须恪以中立自守,毋使他国啧有烦言,是为至要。至该匪队日久盘踞,殊于地方不便。是否假冒,现已据情行查,仰即会督巡捕、巡惊(警)各队加意防范,如有滋扰为患情事,即行查拿惩办,以保地面而免疏虞。仍候抚伊(尹)堂批示。缴。

照录抄折

附录函稿　义州知州瑞安禀送日员西乡秀吉来函请勿阻该员所带人等由

照录义州瑞牧安禀送日员致该牧函稿

敬启者:窃维敝国与俄国开衅,于兹数阅月矣。幸托贵国洪

---

① 军字下据《日俄战争档案史料》应有"查"字。

福,水陆两师屡次得胜。水师曩已掩击旅顺,轰沉俄舰数十只,毙俄将士数百人,现所余者仅不过残舰败兵耳,俄国东恶(亚)舰队全已归歼灭也。陆军亦自韩境长驱,饮马鸭绿之江,一战而拔九连,再战而夺凤凰,逐北百里,麕杀俄将士三千余人,夺取俄巨炮二十余尊。南军亦自花园口上岸,一进而取普蓝甸,再进而占盖州。战莫不胜,攻无不取。今也东南两军精兵十有余万,乘胜战局大北向①,气冲牛斗,势如破竹。俄军将士一闻风声,魄夺胆怯,无复战志。营口既已撤兵,辽阳亦将失守。以此势推之,日俄两国胜败之局已定,不必待智者而后知也。阁下总(聪)明,洞达时事,敢问弟之所说阁下以为如何?俄国为中国患三百余年,包藏祸心,匪伊朝夕。常用诈术恫喝朝廷,朝割一城,暮取一县。庚子之变又乘贵国之有难,托言靖乱保路,遂占据满辽三省之地,欺压官民,肆行无忌,贪逾封豕,毒比长蛇。俄诚贵国之大仇也,薄海臣民所均饮恨,孰不愿一食其肉,寝其皮。然而贵国之人未敢向俄国伸怨报仇者,盖以力不足耳。今也天诱其中,假手敝国代伸天讨,俄国危亡,不暇复顾贵国。古人有言,虽有智惠,不如乘势。贵国之人奋振蹶起帮助敝国,以报不俱戴天之仇,以复祖宗发祥之地,正在此时,机不可逸也。阁下深明大义,又备悉俄人之亡状,敢问弟之所说阁下以为如何?此次弟奉敝国参谋本部饬派,现由京津来到此地。京中王大臣以及直省总督、提督均迎弟观语②,许以暗中帮助。顷又拟借路贵属前往辽西一带,稽查一切情形,并见沿途文武各官谈论时务,再求指教,并无摇惑人心、搅害良民之意。但因弟所带跟随人

---

① 大字下脱"举"字。查辽宁省档案馆藏西乡秀吉(整理者误作西卿秀吉)来函(同上书第158页),此句作"乘胜大举北向","大拳"显为"大举"之误。

② 观语,《日俄战争档案史料》作"欢语"。

等员数甚多,怕有沿途所驻兵勇不知事由,擅行拦阻,藉端滋事。为此敬祈阁下预先传知贵属居民人等,尔后若遇敝国人或敝国人所带跟随人等路过贵属,决无拦阻,以免酿祸,至祷至盼。弟虽未接謦咳,久仰大名,渴想殊深。此次路过贵属之日,必定拜趋,诸多求教。兹肃寸械,敬乞覆音,即颂刻安。弟因未熟华文字面,怕有失体欠礼之处,敬祈阁下原谅。大日本陆军武官西乡秀吉顿。

附录函稿　义州瑞牧安复日员缓往辽西候令再达如不能缓并望绕道由

照录义州瑞牧安复日员函稿

径复者:顷间差至,接奉手书,备悉种切。查贵国与俄开衅,中国例守局外,迭奉上宪恭录谕旨,通饬钦遵等因在案。现承来示,拟往辽西一带稽查一切情形,借路敝州一节。因思敝州为奉省入境首站,关系大局。是否可行,既未奉有明文,而弟官卑职小,又更何敢擅便。惟祈执事暂行从缓,容俟禀请督抚①宪批示,再行函达办理。倘万一事不克缓,好在西南一带路路可通,并望贵军绕道前进。弟并非托词推诿,实缘敝国例章如斯,尚祈原谅为荷。特此奉覆,顺询近祺。

附录义州瑞安禀　日员函请准与假道赴辽西除函复外请即批示由

照录义州瑞牧安来禀

敬密禀者:窃卑职于四月十五日未刻接到日本陆军武官西乡秀吉函称,伊奉参谋本部饬派,已由京津来此,现拟前往辽西一带稽查一切情形,借路义州,但因跟随员数甚多,恐有阻拦,望先传知军民,以免酿祸等因。并复逐加面询送信来人,据称伊县(系)直

① 抚,查辽宁省档案馆藏瑞安信稿(《日俄战争档案史料》第159页)无。

隶常备军炮队后哨哨官秋姓，奉派随同日官乔某听差，所述各节亦与函内情形相同。兼称冯凌阁、金寿山、杜力子等声称为日本招队，啸聚广义交界之各山口，委奉日人所嘱等语，言词凿凿，令人可疑。因查此次日俄开衅，中国例守局外，曾经叠奉宪台恭录谕旨，通饬钦遵等因在案。卑职自当坚持办理，何敢稍有违拂。当向来人婉转切实开导，一面函复。去后，第查该日官既系奉派稽查，势难向阻中止折回。倘一经任其阑入，又恐卑州地面其为西路底营，况冯凌阁等各股匪现在临境啸聚，将来民间被搅，大有不堪设想。若谓坚持不允，势必彼此失和，关系大局，且无兵队足持（恃）。辗转筹思，进退维谷。惟有仰恳宪台查核，迅赐批示遵行，实为公便。除将来往信底照缮，附呈察核并分禀外，肃此具禀，恭请勋安。

附录批令　批义州瑞牧禀宜于境内加意防范如有匪徒滋扰即行查拿由

批：禀悉。日俄之战我守局外中立，业将叠次钦奉谕旨及外务部局外中立条规通行饬遵在案。第奉省现当战地，似两战国均不甚以局外视之，以故各在俄境招匪，而战事又非我所应干涉，实属听阻两难。然在我总须恪以中立自守，免贻各国口实。至函内所称情形，查日人内藤顺太郎昨在绥中县招匪，即系如此托词，经程令恩荣电请北洋大臣查覆，并无其事，则此说恐亦系假托，刻已行查矣。该署牧务于境内加意防范，如有匪徒滋扰为害地方情事，即行查拿惩办，以靖地面而免疏虞，是为至要。仍候抚尹堂批示。缴。抄函存。

附录抄折　湘粤人在彰武县北代日招队该县令禀报请示由

照录抄折

照录试办彰〔武〕县试用知县周士藻原禀

敬禀者：窃卑职访闻，近日有广东、湖南人十余名由直隶朝阳县属来至卑县北沙坨地方，其为首者名李得胜，系广东人，自称为川统领。该数人举止甚豪，挥霍任意，一似银钱甚为充溢者，因而民间群疑该数人为日本人。据称奉马宫保之谕，代为日本招兵十数万，以备与俄国交战，一面即将该国电线、铁路先行折（拆）毁。伊等已在省城见过上宪及营务处，现在广宁地方设立粮台，每兵发给月饷银十五两，并到处粘贴告白，散掷七字歌谣。民间颇为所惑，即营中兵勇亦复垂涎厚糈，均有弃此就彼之意。顷已招集盗匪二百余人，据称拟先往东北一行，返时再将此项招齐之人带往山海关驻扎训练。现该盗匪等在沙坨子一带麇聚，昼伏夜动，行踪诡秘，并有乘间劫掠者。卑职闻信后，即派亲兵哨官王恕前往驱逐解散。旋据该哨官禀覆，据该十数人声称，不日即行出境前往法库门一带等语。复经卑职移会巡捕马队总巡芬车贺会同亲兵哨官王恕，即将所招盗匪查拿驱逐，勿任滋事。去后，伏查该十数人广招盗匪，欲与俄国为难，诚恐横挑强敌，又蹈拳匪覆辙。大局攸关，卑职未敢壅于上闻。况卑县境内自去夏大股贼匪荡平以后，地方甚为安谧，兹该十数人招集盗匪多名，深恐易聚难散，难保日后不为地方之害，关系卑县情形亦非浅鲜。现已移知分、总巡，移覆到日再行禀闻。除分禀外，理合照抄告白并七字歌各一纸，禀请将军鉴核示遵。再，闻此项湘、粤人奉境内所在多有，应否由宪台出示晓谕，卑（俾）民间忽（勿）为所惑之处，伏候钧裁。又，此十数人中现经卑职派人密加察看，似有日本人在内，合并声明。肃此具禀，敬请勋安，伏乞垂鉴。卑职士藻谨禀。光绪三十年四月十六日。

光绪三十年五月廿一日收北洋大臣袁世凯函一件

建昌县王文〔华〕等招勇被逮事

光绪三十年五月二十一日收北洋大臣袁函称：前奉大函，当将建昌县王文华等招勇被逮一案密电饬查。去后，兹据建昌县洪令子祈禀称：卑职月前因公赴乡，访有王洛文在药王庙一带招结匪徒，人心大为惊惶。当经饬拿到案，讯得王洛文即王文华，供认曾奉日本使臣乔铁木派令招队，并呈出乔铁木一函及告白一纸。函内各语多违公法，告白语尤背谬，盖有"东三省义民之章"戳记。案关违禁募兵、纠匪肇乱，亟宜澈究。续将应募之张文彩等四名缉获到案，一并管押。日人魏仲青来县求释，未允而去。查王洛文前曾勾匪帮抢，被害数百家，商民无不痛恨。贼首张会文绑勒范继宗一案，控有王洛文拉线说票情事。本应逮案讯究，今又纠贼多人，设再纵放，必为地方之害。兹日使但称渠等系受雇用，不知其在外招队，且不知王洛文系属要犯，拟恳函请外部与日使辩论。至张文彩等四人在前未犯他案，遵先保释等情，禀复前来。查王洛文在局外境内出示结团，本碍中立，且系著名要犯，未便遽行释放。魏仲青所述各节，殊涉诞妄，现已出境，未便深究。谨将洪令开录清折钞呈密核。专此密复，敬请台安。

附录密件一　王洛文呈出刊印七言告白由

照录密件

试署朝阳府建昌县呈。谨将王洛文呈出刊印告白及日使乔铁木来信并与魏仲青问答言语开录清折，呈送宪鉴。

计开：

王洛文呈出刊印告白：

大清皇帝恩泽深，

抚养臣民三百春。
肥美产业东三省，
不分旗人与汉人。
从先俄国离咱远，
安居乐业太平民。
米豆猪羊吃不尽，
树木千里结长林。
挖参开矿都致富，
人说遍地是黄金。
咸丰末年国运败，
俄国势力硬来侵。
黑吉两省去一年(半)，
近来贿买老奸臣。
许他铁路合海口，
许他洋兵内地屯。
哄了朝廷哄百姓，
锦绣江山属洋人。
庚子年间俄兵到，
一旦强占到如今。
日本从旁劝不退，
代报不平打俄人。
海战俄人输三阵，
七只兵舰海里沉。
看这光景该俄败，
恶人恶报天理真。

不久日兵要登岸，

救我中国三省人。

不许俄兵留一个，

大清疆土归大清。

我们朝廷力太少，

不帮日本不出兵。

我们百姓良心在，

好歹自然分的清。

房子不让俄人占，

不奏粮草不贪银。

坏他铁路砍电线，

毁他营房根株清。

随机应变挤他去，

立了英名报国恩。

若是贪利随俄国，

坏了良心不算人。

苦口奉劝众兄弟，

大众转运在如今。

不为日本为中国，

我是三省忠义民。

附录密件二 日使乔铁木函稿由

日使乔铁木来信

夙仰鸿仪，信深鹤致，每企文辉，时切蚁忱。敬维县台大老爷政祉吉羊，升祺安燕，引领京华，莫名抃祝。弟羁阻朝界，无善足述。兹于三月间趋赴朝建锦一带所属地面，委派妥人招队成营。

今两月之久,因前事不谐,是已(以)未达知文武衙门。方今事有成妥,乃具草告知朝建各署,所有各处招募队伍均系敝国之委派,恳祈关照一切,示知各路不必查询各情。今迫东征,望速归伍成营,望切恳切。专此,即请升安,余维惠照不宣。日使弟名正肃。

附录密件三　与魏仲青问答言语由

仲青问答言语

当今日俄有事,实系东亚之安危,况贵国与敝国辅车唇齿,不俟论也。生等之到此地者,有此所见,得贵国民间之有志临机,欲为邦家有所为耳。无奈贵国已宣明局外中立,贵当路诸□①悉虽有意于帮助敝国,此间实属不便。顷闻六家子、药王庙一带日人招队云云谣言甚高,生等顾②有志之辈,有志之辈即有之,其意只备他日万一之际耳。又,昨闻阁下捕拿王某以下数名,某与乔大人有一面之识,谈者亦一回。乔大人诚慕王某之义气,若夫立旗招兵为队,动摇地方,甚不可,阁下问之,素是属王法。虽然,未有立旗为队之事,阁下愿格外恩典,放他归,感激不过言也。又,招人之事,凡在中立地界以外办理,断断不敢致冒神威也。

敝国当路诸公是何姓名,此事最属秘密,愿聆教。日俄交战起见,然后诸公姓名如何。在王爷则庆。外交上为难③。袁、马。

有意帮助,吾如何帮助?

日俄有事,庙堂囊有清日映合之议,今日守中立者实怕世界之中动乱也。故贵国欲帮助敝国,不能外□号不能未内不能之理也。

有无公事执照?

---

① 此处空一格,下文亦同。
② 顾,疑为"雇"字之误。
③ 难,疑为"谁"字之误。

事属极密,不能得执照而来也。

光绪三十年五月廿五日发日本国公使内田康哉照会一件
照会日本内田使日人勿在辽西招匪致碍中立由

光绪三十年五月二十五日发日本国公使内田康哉照会称:昨准盛京将军电称,日招冯麟阁等马队二百余名、日人二员,初十过康平属哈拉沁屯;金寿山率马队二百余、日人五员,十一过康平西莫力克、王家窝堡,均向东北辽源州蒙境去。近俄又以华官任听日本在辽西招降冯、杜各匪,欲坏中立为言。匪队随同日人往来,沿边各属既不能有所拦阻,设生他变,大局攸关,迭据各口总巡暨各县禀报,已饬坚守中立,妥为办理等因前来。本部查贵国与俄国用兵以来,中国确守中立,迭经声明在案。近日传闻日本武员有在辽西一带招匪情事,俄人屡以华官并不拦阻,欲坏中立为言,虽经迭与驳办(辩),仍多疑虑。现在贵国大兵云集,纪律严明,此等匪徒本不足用,且恐假冒滋事,扰累地方,自可毋庸招集,以免俄人藉口。贵大臣洞察情形,顾全大局,相应照请转行贵国武官,不必招匪,并勿令在局外边界往来游弋,免生事端,是所切盼。

光绪三十年五月廿九日收俄国公使雷照会一件
日人在沟帮子及附近各属招匪地方官暗助请从严设法以绝地方官及日人妄为由

光绪三十年五月二十九日收俄国公使雷照会称:案查本大臣屡次请贵国政府注意于日本在辽河以西无理任便招募华人一事,并准复文以已经转饬阻止各情。近查此事,仍未断绝,且系明显招募。除锦州外,此事出于沟帮子及附近各处。招集小股前往毁坏铁路外,刻已招齐数百人成股,给以月俸,俟日本武官到来前往东省各情。惟日本力驳此事,而该地方人所共知,明谈此事,到该处之各国武官及游历人可为证据。虽百方推驳,而此系无疑可见。贵国政府虽有据理声明,然本地方官扬(阳)奉阴违,禀报不实,暗助日本,兹有如此暗助之局外中立较不及于明战矣。相应据本国之令,照请贵王大臣设从严之法,以绝该地方官及日本之遣员之妄为为要。

光绪三十年六月初二日收日本公使内田康哉照会一件
本国并无招匪情事俄人现仍招匪请照会俄国查禁由

光绪三十年六月初二日收日本公使内田康哉照会称:接准光绪三十年五月二十五日来文,内开:传闻日本武员有在辽西一带招匪情事,虽经迭与俄人驳辨,仍多疑虑,照请转行我国武员不必招匪云云等因。阅悉之下,当经本大臣详加查核,乃知我国武员并无招募匪徒情事,而俄人反在日俄开衅以前即行招匪,现仍用为臂助。且有俄军队屡次渡越辽河,或又派人到小库伦及其迤东各地,并在蒙古边境等处迭经勒买军中要需,本大臣确有所闻。因惟似此举动,殊属有碍贵国确守中立之例,应请由贵国政府照会俄国严行查禁,是为至盼。相应照覆贵王大臣查照可也。

光绪三十年六月初四日发俄国公使雷照复一件
照会俄雷使日本在辽西招匪地方官严守中立并不暗助由

光绪三十年六月初四日发俄国公使雷文称:本年五月二十五日本部照会日本驻京大臣文称:传闻日本武员在辽西一带招匪情事,俄人屡已为言,虽经迭与辩论,仍多疑虑。照会转行日本武员,切勿招匪,免滋事端等因,去后,兹准覆称:本大臣详加查核,乃知我国武员并无招募匪徒情事,而俄人反在日俄开战以前即行招匪,现仍用为臂助,屡次渡越辽河,或又派人到小库伦及其迤东各地,并在蒙古等处迭经勒买军中要需,本大臣确有所闻。因惟似此举动,殊属有碍贵国确守中立之例,应请由贵国政府照会俄国严行查禁,是为至盼等因前来。相应照会贵大臣查照。

光绪三十年六月初四日发俄国公使雷文一件
照会俄雷使日本使照覆日员并无招匪情事俄人举动有碍中立请查禁等情由

光绪三十年六月初四日发俄国公使雷照复称:本年五月二十九日接准照称,日本在辽河以西招募华人一事,仍未断绝。除锦州外,出于沟帮子及附近各处,刻已招齐数百人成股,给以月俸,俟日本武官到来前往东省。日本力驳此事,而该地方人明谈此事,到该处之各国武官及游历人可为证据。贵国政府虽有据理声明,然地方官阳奉阴违,禀报不实,暗助日本。请设从严之法,以绝该地方官及日本之遣员妄为等因。本部查辽河以西地在局外,前因由北洋大臣派兵驻扎,贵大臣屡次言其不便,未允照办,以致该处匪徒出没,尚难驱除。至俄兵曾在沟帮子一带往来,以及俄员招匪等事,日本以中国未能拦阻,甚有烦言。近闻日本人招匪,即以此为藉口。中国地方官已将干涉此事之人缉获惩办并设法稽查,随时告诫。如此办理,可谓毫无偏袒。至若匪徒来去无常,无兵弹压,乃系力之不逮,并非严之不严。该地方官断不敢阳奉阴违,禀报不实,亦绝无暗助日本之处。兹准照称前因,除已由本部照会日本驻京大臣诘阻并咨行盛京将军、北洋大臣,仍饬地方严守中立,切实查禁外,相应照复贵大臣转达贵国政府勿信浮言,实于大局均为有益。

光绪三十年六月初四日发盛京将军、北洋大臣袁文一件
准俄使称日本在辽西招匪抄录来往照会咨行查禁由

光绪三十年六月初四日发盛京将军、北洋大臣袁文称:五月二十九日准俄雷使照称:日本在辽河以西招募华人一事,贵国政府虽有据理声明,然地方官阳奉阴违,禀报不实,暗助日本。请设从严之法,以绝该地方官及日本之遣员妄为等因。除由本部驳复该使外,相应抄录来往照会,咨行贵将军、大臣查照,转饬地方官严守中立,切实查禁,以免口实为要。

光绪三十年六月初九日收北洋大臣袁世凯文一件
准咨开俄使照称日本在辽西招募华人事已饬地方官查禁由

光绪三十年六月初九日收北洋大臣袁文称:六月初五日准贵部咨开:本年五月二十九日准俄雷使照称:日本在辽河以西招募华人一事,贵国政府所(虽)有据理声明,然地方官阳奉阴违,禀报不实,暗助日本。请设从严之法,以绝该地方官及日本之遣员妄为等因。除由本部驳复该使外,相应咨行查照,转饬地方官严守中立、切实查禁,以免口实为要等因到本大臣。准此,除饬地方官遵照,严守中立,切实查禁外,相应咨复贵部,谨请查照。

光绪三十年六月十八日收俄国公使雷照会一件
请速设法将蒙古及满洲西部日人退去并请办法见复及转知各国由

光绪三十年六月十八日收俄国公使雷照会称:案查五日前照

会贵王大臣,日本妄为违背贵国局外中立之例一事,并请查明在案。此事极关紧要,但迄今并未见复。其军时禁物一事,本大臣同时另行备文。商查贵国对俄国所立之法及贵国对日本所立之法各节,惟军时禁物一节实与日人在库伦街攻截一事不相干涉。且俄人原未有在中国中立之境内攻打日本,乃日人竟行此举。而贵国政府虽在朝阳一带有马提督所部驻扎兵队,并不设法以绝日人妄为,惟以此可厌之事不过诘问日公使而已。若在该各处有日本人任便勾留以攻截俄人,及招募匪队以坏铁路,则在该处亦务必有俄人以便保其所属及铁路。因此本国钦命远东留守大臣照知,日本妄为攻截、杀毙俄译一事,拟定为免龃龉,照会贵王大臣设法速行退离在蒙古及满洲西部勾留各日人,恐伊等妄为举动,以致侵犯两国睦谊等因前来。兹据本国政府所嘱,照请转饬设立以上各法,即希见复,并将目下所出各情应行转知各国为要。

光绪三十年六月二十四日收北洋大臣袁世凯电一件
转辽西探电已电朝阳文武探防由

光绪三十年六月二十四日收北洋大臣袁世凯电称:辽西探称,俄派兵在辽西搜捕日招匪队,遇华兵暨巡警持枪者辄夺之,百十成群,颇涉滋扰云。日人在小库伦戕掳俄人,此举似为寻仇,难保不径入库伦,已电朝阳文武探防。世凯。敬。

光绪三十年六月二十四日收热河都统松文一件
准东土默特旗移开白土厂门四堡子等处有日本招队情事除由该旗呈报奉省外请照会日使查禁由

光绪三十年六月二十四日收热河都统松文称:据朝阳县详

称：光绪三十年五月二十九日准东土默特旗移开：于四月间，本旗东南界边里白土厂门、四堡子等处自日本军营派来弁兵招队，所有附近敝旗居民踊跃往充，聚集多人。经本札萨克王派员晓谕迭奉上宪传禁情由，令其勿进本旗招募蒙人，一面据情驰咨贵府县各在案。嗣经贵府县出示晓谕赍到，本札萨克王当即按处张贴。现据侦探节节报称，该招队者之首冯凌阁、金寿山等虽带其所募之人他往，惟伊来去靡常，其所遣伙伴数十人仍在白土厂门、四堡子等处盘踞，指名招募。因不招无枪无马之人，而不肖之辈以往充其募为要，急预备办枪马，而竟在附近本旗境内抢劫过路车辆、套犁牲畜，日经失主呈报不休。又，本旗东北及东界沿边一带地方有称外洋所募之队，有无枪马者①居半，多股共有数百余人，结伙抢绑，到处蒙民滋扰不休。欲为弹压，而声称洋队，竟不遵服，此诚可虞。况似此敛迹之匪乘机滋扰，良莠难分，将来酿成大乱，恐难弹压。似此情事，均现在本札萨克王旗境内外所遇之事，自应上陈，未便安于缄默。除据情禀请都宪外，相应移会。为此合移查照文内事，希即妥筹保护地面之策，移覆施行。特此备用札萨克印文移会，须至移者等因。准此，查白土厂门、四堡子均系奉省地方，应由该旗呈报奉天将军核办。嗣后如有匪徒藉招军为名在卑县境内纠众抢夺，无论为何国所用之人，一律拿办。倘敢开枪拒捕，即相机剿除。所有拟办匪徒抢劫原由，拟合详请查核等情。据此，查此案本衙门并未据该旗呈报，惟东土默特旗地面多系直隶朝阳府境，为局外之地，中立条约不得允战国在境内募兵，迭经通饬谕禁。朝阳一带本为盗贼出没之区，虽屡加搜捕，窜匿他处者尚复不少。若准战国招

---

① 有无枪马者，疑为"有枪无马者"。

队,若辈必纷纷潜回,藉招军为名,或率众报复,或藉端抢掠,害扰民生,伊于胡底。当此东方战事孔殷,内匪岂可蠢动。亟应分别查禁严拿,以靖地方。除咨会奉天将军查照核办,一面檄饬地方文武各官一体严拿外,相应咨请贵将〔军〕迅即照会日使查照约章,严行查严(禁),不得在朝阳府属地面招队,免使匪徒托名起事,是为切要。望速施行。

光绪三十年六月二十九日收盛京将军增祺等函一件
密件　俄人招募华队由

光绪三十年六月二十九日收盛京将军增祺等〔函称〕:顷奉六月初九日函教,具悉关怀根本,鼎力维持,展诵之余,莫名感佩,已饬西路各地方官遵办矣。惟刻接驻省俄员照会,仍以冯、杜之事哓哓不已。内有云,俄募华队,开战以前即有之,只令递送公文,并以保护俄商财产。日本所募之队,则实专为帮同攻打俄兵。现在查验枪伤,出自华弹所击者居多,尤其明证。又云:贵大臣倘不将日本在局外各地所募华队全行除灭,伊时敝国为保护自己起见,即自行设法派兵往该局外各地剿灭该匪可也。其余各节,大致与历次来照相似,无非处处归咎中国,藉以迫协(胁),而烦征博引,反覆陈词,猜忌之深可以想见。日来南路军事正在吃紧,自无暇兼顾及此。然辽河东一带业经遍设俄卡,闻昨又于铁岭招募匪队数百,每名月饷卢布三十五圆。迹其用心,将来不免寻衅。近日交涉,更渐施其强横。祺等履冰蹈尾,日益兢兢。盖两国既均不听我守中立,又均责我不守中立,自全之策实属无可如何。惟有坚忍支持,勉尽吾心力之所能尽。尚希随时指示,俾有遵循,不胜祷企。专此密覆,敬请勋安,诸惟亮察不尽。

十月初五日收盛京将军增祺等文一件
日人擅入蒙界招聚营匪咨请核办由

光绪三十年十月初五日收盛京将军增祺等文称：本年九月十三日准哲里木盟长札赉特郡王旺拉克帕尔齐咨称：本年六月十五日据博多勒噶台亲王旗呈称：据本旗管带备防官兵章京汉达噶尔报称：本年五月初二日，本旗西界鄂克达奇屯有日本国人六名率领宾图王旗著名巨盗阿拉喇嘛即敦鲁卜、察干扣、阿敏、布虎拉塔、平迪、拉克巴、苏鲁克蒙古布彦达赉、蒙古镇旗色那道尔济、法克森萨克巴等为首，各骑马匹，均持快枪，二百余名，执大日本汉字大旗，头缠巾布，蜂拥而至。询其来由，伊等声言系日本国兵，往吉林去，路过尔旗，即在身住之哈拉乌逊屯身家住宿，初三日到索奇屯住宿等情呈报。据辅国公那逊阿尔巴济虎管下医生喇嘛阿勒覃鄂奇尔报称：五月初三日身往索奇屯，遇见骑马持枪日本人带领蒙民二百余名，将身乘骑之银鬃马夺去，给身留下油兔鹊马一匹等情呈报。据达台吉塔尔玛巴拉报称：五月初四日塔本诺业特屯有日本人六名带领宾图王旗著名盗匪阿拉喇嘛即敦鲁卜、阿敏、布虎拉塔、平迪、拉克巴、察干扣、苏鲁克蒙古布彦达赉、蒙古镇旗色那道尔济等骑马持械蒙民二百余名，均执大日本汉字大旗，头缠巾布，到来住宿。走时将身海骝马夺去，给身留青白儿马一匹；又拉去壮丁乌达拉枣骝马一匹，给伊留下黑鬃黄马一匹等情呈报。据本旗南界管带驻防官兵四品台吉乌永阿报称：五月十一日有日本国人带领宾图王旗全保等均持快枪蒙民骑马一百余人，由本旗南界往东去讫，十七日复回往西界而去。又，五月十二日有日本国人带领宾图王旗台吉包喜成、包喜功、包喜瑞，民人金受山等，均持快枪骑马蒙民二百余人，由南边往东而去，十八日回行往西去讫等情呈报。据管带东南界驻防官兵四品台吉福兴阿报称,五月十七日有日本六人带领宾图王旗著名盗匪阿拉喇嘛即敦鲁卜、阿敏、布虎拉塔、平迪、拉克巴、察干扣、苏鲁克蒙古布彦达赉、蒙古镇旗色那道尔济、法克森萨克巴等均持快枪骑马蒙民二百余人,执大日本汉字大旗,头缠巾布,往西去讫等情呈报。查日本国人擅入蒙界,肆意招聚匪人,纵横本旗,内外游荡,随便存宿,强换马匹,以至善良庄农难度。除将蒙民聚伙数百随同日本往来,难保不滋事端之情形呈报盛京将军衙门外,理合呈报盟长王,一体严缉施行,须至呈者等情。据此,查日本国人带领著名盗匪阿拉喇嘛即敦鲁卜、萨那多尔济等蒙民数百名纵横蒙旗,难保不滋事端,是以飞咨贵将军衙门,希为鉴核示覆施行等因。准此,除咨覆外,相应咨呈贵部鉴核施行。

光绪三十一年正月十一日收北洋大臣文一件
据新民府禀称日俄在辽河开仗由　附清折一件

光绪三十一年正月十一日收北洋大臣文称:据奉天新民府知府增韫禀称:光绪三十年十二月十六日据府属南路沙岭巡警分局会首等探称:辽阳北苏合铺四十号及四十一号之俄队于十二月初五日与日本招抚队冯麟阁、杜立山、赵五把式等三百余人在辽界蛤拉河、马汾泡一带开仗。初八日晚,突来日本马步队六七百名,在海界三岔河西、犀牛古城子、青莲泡一带分扎,初九日早四点钟与俄兵接仗。至八点钟,俄军大败,齐向西北奔逃,一路杀烧抢掠,蹂躏生灵,民不堪命等情,禀报到府。据此,除批饬该分局所属村屯严加防护暨分禀外,理合将日俄在辽海地方开仗情形缮具清折,恭呈宪鉴等情到本大臣。据此,相应咨呈贵部,谨请查照。

附录抄折　日俄在辽海地面接仗情形由

照录抄清折

谨将日俄在辽海地面接仗情形缮具清折，恭呈宪鉴。

计开：

据府属南路沙岭巡警分局会首等报称：十二月初五日，分局东四十余里辽界之蛤拉河、马汾泡等屯自昼至夜炮声不绝，当即遣人往探。回称，系辽北苏合铺四十号及四十一号之俄队与日本降匪杜立山、赵五把式等三百余人开仗，被俄兵击毙殆尽，仅冯麟阁带马队二十余人由富家庄逃往西去。该处民人刘凤翔、刘凤玉等房屋二十间均被烧毁。是夜，俄队南至海界，在城西北七十里之前湖、后湖及黄土坎一带分扎。初六日，行抵牛庄北八里之小姐庙屯，遇有江东油车四十余辆，一概焚烧，车夫等仅牵骡马逃在局镇，随即殒命一名。该俄队意在攻取营口，以牛庄为日兵后路，略搏一战，遂向营口进发。又遇粮草货物重车二百余辆，亦尽焚毁。初七日，分攻石桥子及营口东之牛家屯，均未获胜。初八日晚，突有日本马步队六七百名至分局南二十里之六台子一带占踞，两军相距四五里许。初九日早四点钟开仗，至八点钟，俄兵忽东西横冲二十余里，齐向西北奔逃。撞遇绥靖营朱统领之差官佟文阁，疑为敌探，用刀砍毙。直抵分局，四面围入，见马背有鞍者，疑系敌探跑回，即将营马掠去四匹。附近村屯任意搜掳，敢有阻者鞭笞刀吓。统计分局牌下共掠去骡马一百二十余匹，其余牛、驴、猪、羊、粮草、财物不计其数。分局北十里八台子屯因在农民赵广魁、赵广吉、赵广仁等家翻出枪械，勒索不足，均被刀砍其首。查该俄队实有两万余骑，炮车数十辆，以及车载受伤与已毙者约数百辆，一路扰民，毫无忌惮。并有身穿华衣队兵多名混在其间，声称此地向不容人入境,何以今不敢拦等语。初十日,由富家庄北俄队又来局镇二百余骑,查探有无日兵,随即回归。十二、十三等日,自南来日探前后十六骑,均由局镇北去,不知何往。日兵来往颇为安静,并无骚扰。现探牛庄日本添兵万余,在八家子、马圈子一带分扎,未见如何动静,俟探的确再行禀报。须至清折者。

光绪三十一年正月十七日收俄国公使雷照会一件
日人由附近蒙古地方与胡匪攻打铁路并将东三省西各股胡匪招充当差显背中立据政府训条请严切驳阻并杜绝地方官纵容由（附译文）

　　光绪三十一年正月十七日收俄国公使雷照会称：兹准本国外部大臣据本国库总司令官来电,内称：本年正月初七日,由附近蒙古地方来有四百日本〔人〕及胡匪八十人一队,于方家屯车站左近攻打铁路之桥。俄兵有两枝百人队携带炮两尊,于三地站东南二十里之处追及击散。于追击之时,于公主岭西南二百四十里之处遇敌大队,有日本马队二营、步队四哨,并胡匪二千余人。此事可见日本军队经过中国中立之地前往蒙古各地。又,据本国边界护卫队访明,日本人将东三省西交界之胡匪多数之股招充当差。近来该股时常出于公主岭及宽城子之间,日本与胡匪合股一万之多。查明胡匪之股所在之处如下：达尔汉王旗内有蒙匪（译音）博因大勒督率胡匪七百人、日本人二十名。土默特王旗内有中国胡匪率其头目冈皮任及长吾僧二名,以土默特王之游牧作为攻打铁路之根据地。达尔汉王旗内经查明,日本人二百名及胡匪五百名,携带山炮四尊。又,距法库门二百四十里之金家屯常有日本人与胡匪经过,梭巡其间。东南蒙古之杜立山、冯麟阁暨单毕喇嘛各股会合日本于辽河右岸之蒙古勒津,并于什喇木兰与辽河会处之处内有宾图王及自里何王游牧之地猖獗等因前来。兹查前因,足见日本显明达(违)背中国中立之例。如此甚大之违背,该地方官不但不知,可明见其相帮。本大臣每遇照知,而该地方官彼竟不认其知之之情形,由此可见其相帮之据,而该地方官不能不知并特意朦匿。是以据本国政府训条,照会贵王大臣严切驳阻日本违背中国及蒙古地方中立之例,并请贵国政府从严设法,杜绝该地方官纵容我敌为要。

光绪三十一年正月二十一日发理藩院文一件
俄使照称日招蒙匪攻俄应札饬各蒙旗查禁由

光绪三十一年正月二十一日发理藩院文称:光绪三十一年正月十七日准俄雷使照称:正月初七日,由附近蒙古地方有四百日本人及胡匪八十于方家屯左近攻铁路桥。又,公主岭西南二百四十里遇日本马队二营、步队四哨并胡匪二千余经过中立地前往蒙古。又,日本招东三省西交界之胡匪,多数出公主岭、宽城子间,合股一万。查达尔汉王旗内有蒙匪博因大勒督率胡匪七百、日本人二十。一(土)默特王旗内有胡匪率其头目冈彼任及长吾僧二名,以游牧作攻铁路之根据。达尔汉王旗内查明日本人二百、胡匪五百,携炮四尊。距法库门二百四十里之金家屯常有日本人与胡匪梭巡。东南蒙古之杜立山、冯麟阁暨单毕喇嘛会合日本于辽河右岸之蒙古勒津,并于什〔喇〕兰木(木兰)与辽河会处内有宾图王及自里何王游牧之地猖獗。日本违背中立,每遇照知,地方官不认,可见相帮之据,特〔意〕朦匿,请严切驳阻并杜绝纵容等语。该使所称蒙古各地名人名,译音不能尽悉。据北洋大臣电复,均在奉蒙交界。此事有关中立,除电致盛京将军等查禁并照诘日使外,相应抄录该使来照,次〔咨〕行贵院查照,飞速饬知各蒙旗切实禁阻,仍声复本部为要。

光绪三十一年正月二十一日发日本内田公使照会一件
俄使照称日在中立境外招匪如有其事希〔查〕明饬阻由

光绪三十一年正月二十一日发日本内田公使照会称:本年正月十七日准俄国驻京大臣照称:正月初七日,由附近蒙古地方有日本人四百及胡匪八十一队,于方家屯车站左近攻打铁桥。俄兵于三地站东南二十里追击时,于公主领(岭)西南二百四十里有日本马队二名(营)、步队四哨,并胡匪二千余,可见日军队经过中立地前往蒙古。又招多数匪股,时常出于公主岭及宽城子之间,日与匪股合有一万。匪在之处,如达尔汉王旗内有蒙匪博音大勒率胡匪七百人、日本人二十名;土默特王旗内有胡匪头目冈皮任及长吾僧二名,以游牧作为攻铁路之根据地;达尔汉王旗内有日本人二百名及胡匪五百名,携炮四尊。又,距法库门二百四十里之金家屯常有日本人与胡匪经过梭巡。东南蒙古之杜立山、冯麟阁暨单毕喇嘛各股会合日本于辽河右岸之蒙古勒津,并于什喇木兰与辽河会处内有宾图王及自里何王游牧地往来等因。查俄国大臣所称各节如有其事,洵于中立有碍,相应照会贵大臣转饬查明阻止,并希照复可也。

光绪三十一年正月二十三日收理藩院文一件
咨复俄使照称附近蒙古有胡匪攻铁路桥已飞札该盟长禁阻由

光绪三十一年〔正月〕二十三日收理藩院文称:旗籍司案呈准外务部咨称:光绪三十一年正月十七日准俄雷使照称:正月初七

日,由附近蒙古地方有四百日本人及胡匪八十于方家屯左近攻铁路桥。又,公主岭西南二百四十里遇日本马队二营、步队四哨,并胡匪二千余经过中立地前往蒙古。又,日本招东三省西交界之胡匪,多数出公主岭、宽城子间,合股一万。查达尔汗(汉)王旗内有蒙匪博因大勒督率胡匪七百、日本人二十。土默特王旗内有胡匪率其头目冈皮任及长吾僧二名,以游牧作攻铁路之根据地。达尔汗(汉)王旗内查明日本人二百、胡匪五百,携炮四尊。距法库门二百四十里金家屯常有日本人与胡匪梭巡。东南蒙古之杜立山、冯麟阁暨单毕喇嘛会合日本于辽河右岸之蒙古勒津,并于什喇木兰与辽河会处内有宾图王及自里河王游牧之地猖獗。日本违背中立,每遇照知,地方官不认,可见相帮之据,特意朦匿,请严切驳阻并杜绝纵容等语。该使所称蒙古各地名人名,译音不能尽悉,据北洋大臣电复,均在奉蒙交界。此事有关中立,除电致盛京将军等查禁并照诘日使外,咨行贵院查照,飞速饬知各蒙旗切实禁阻,仍声复本部等因前来。相应照录外务部所咨,由五百〔里〕飞札哲里木、卓索图等盟长,飞速转饬各该旗切实禁阻,不得有违中立之例,是为至要。并札行达尔汗(汉)亲王、宾图郡王旗一体遵照外,至原文所称土默特王、自里河王,内外各蒙旗并无此王号,相应一并咨覆贵部查照可也。

光绪三十一年正月二十三日发俄国公使雷照会一件
日在中立境招匪地方官断无相帮情事已饬查明申禁由

光绪三十年正月二十三日发俄国公使雷照会称:本年正月十七日准照称:初七日,由附近蒙古地方有日本〔人〕及胡匪于方家屯左近攻铁路之桥。又,公主岭西南遇日本马步队并胡匪二千余名,经过中立地前往蒙古。又,日招东三省西之胡匪多数出公主岭、宽城子之间,合股一万。又,达尔汉王旗内有博因大勒率匪七百名、日本人二十名。土默特王旗内有匪率冈皮任、长哥(吾)僧二名,以游牧作攻铁路之根据地。达尔汉王旗内日本人及胡匪携炮四尊。又,距法库门之金家屯常有日本人及胡匪梭巡。杜立山等又会合日本于辽河右岸之蒙古勒津等处。日本违背中立,每遇照知,而地方官不认,可见相帮之据,请严切驳阻并杜绝纵容等因。查中国地方官向皆恪守中立条规,如来照所称各节,自必随时禁阻,断无相帮朦匿情事。兹准前因,除照诘日本驻京大臣,并电致北洋大臣、盛京将军严饬地方官查明禁阻,仍咨理藩院飞饬各蒙旗一体申禁外,相应照复贵大臣可也。

光绪三十一年正月二十四日收北洋大臣文一件
关外铁路站长禀报俄兵与胡匪开仗情形由

光绪三十一年正月二十四日收北洋大臣文称:据关内外铁路局道员梁如浩禀称:顷接关外厉家窝铺站长春电称:十九日下午四点,忽有俄马队约四百余名从南至敝站路过。至站东后,有日本招募红胡子队头目冯凌阁带领千余人,四外村中漫野赶来,已到敝站之南王家窝铺,俱以开枪。俄兵逃出一里之遥,两军俱各开枪对敌,约有二十分钟之久。俄兵败走,胡子随后赶去,未知去向。嗣探闻俄兵均奔新民屯而去,内有受伤者十余人。现仍有胡子队数十人,拟今晚存住王家窝铺处,距敝站约六里远等语,谨禀宪闻等情到本大臣。据此,相应咨呈贵部,谨请查照。

光绪三十一年正月二十六日收日本内田公使照会一件
日本兵及胡匪经过中立地事已转达本国政府由

光绪三十一年正月二十六日收日本内田公使照会称：准华历光绪三十一年正月二十一日来照，内开：准俄驻京大臣照称，有日本兵暨胡匪经过中立地，在方家屯车站左近攻打铁桥，或以游牧作为攻铁路之根据地等因。如有其事，洵于中立有碍，相应照会贵大臣转饬查明阻止等因，本大臣均以（已）阅悉。查俄兵在辽西或蒙古地方任意出入经过，已属侵碍中国中立，是以此次俄驻京大臣照会贵部各节，在本大臣原可置之不理。惟既准照会前因，本大臣仍当将此各节转达本国政府查核，以昭郑重，相应照覆贵王大臣查照可也。

光绪三十一年二月二十七日收吉林将军文一件
日军在新安镇地方招降蒙匪滋扰煽惑请照会日使饬禁由

光绪三十一年二月二十七日收吉林将军富顺等文称：光绪三十一年正月二十二日据长春府知府王昌炽禀称：窃查府属新安镇地方有日本兵官带队招降蒙匪，不时进镇占住情形，业经卑府并吉胜营赵管带振纲缮具单禀，报明在案。兹于正月十七日复据署新安镇主簿申伯勋禀称：窃查日于正月初六日出街以后，于初九日又有日官魁某率队进街，当向磋商，幸存任（住）一宿。探其由蒙奉边界往东去讫，不知何干。旋于十一日据探报回称，日队与俄队在距镇迤南约二十里之张家洼子地分（方）相遇开仗，俄兵伤亡七八十名，被日军夺去大炮一尊，生擒俄兵一名，日军亦有伤亡，不知确数。以致镇界五家湖、六合居等处居民闻风逃散。是夜，有降日蒙匪在距镇八里之对龙山地方败回养伤，并扬称吉林精锐左翼统领诚明带队赴镇,系卑职禀调,誓必复仇等语。初以为谣传,不足取信,讵于十二日早全队进街,在德隆店新泰烧锅分住。日队虽尚安分,蒙匪则强奸妇女,强剥民人衣服,抢卸大车牲口,种种妄为,肆无顾忌。卑职找向日人,告以该队诸多不法。该日人佯作不知,且以张家洼子一仗自鸣得意,并称尚有马步队七百余名随后即至,不出两月更有兵队六七千名由此假道兜俄后路。卑职恐其在镇久踞,调养兵队伤痕,复向婉词相逐。该日人不旦(但)置之不理,反勒令卑职转央德隆号由营口汇兑银两,以备发给降饷。并欲借用枪马,勒拿车辆,拉载伤兵。虽经卑职设法婉谢,几至舌敝唇焦,仍属听之藐藐。嗣因探有俄军尾追,距镇已近,遂于十三日出街,临行抢去大车四十余辆。现闻诚统领有率队赴镇之信,匪首东山即向日人造言蛊惑,谓诚统领之来系助俄攻日,以致日人有攻打之言。果尔,则边衅一开,实与大局有碍等情。据此,同日并准赵管带振纲来函与申伯勋禀情,大概相同,并称日人勒令派兵导往三站等语。卑府查日俄开衅,中国自守中立之约,绝不与闻战事。况俄日相持,尚在沈南,吉林并非战地。乃辄由草道潜入新安镇地方,招降蒙匪多名,在张家洼子与俄开仗。揆之公法约章,实难符合。且日本自有兵队,何必招降华匪?既招华匪,自有熟识道路之人,何必勒令华兵为之向导?而且纵令降匪奸淫妇女、抢夺民物,迹其种种行为,难保非图败成约。况吉省盗风未尽绝,目下时事孔亟,伏莽之徒更思肇乱。而日人则以招匪为能事,匪徒则恃降日为护符。群相煽诱,狡焉思逞。为民上者目睹商民被扰,不能不派队剿捕,而该匪即以助俄之言向日人煽惑。设或怀疑莫释,与我国捕盗兵队相值,遽行攻击,衅端即由此而开,全局亦由此而坏。卑府值此时艰,处此要地,日夕焦思,殊鲜良策。可否仰恳宪台奏请,由外务部与驻京日使相商,饬令日人勿招华匪以击俄兵,勿信匪言而疑华队,更须约束兵伍,勿扰地方,庶睦谊得获两全,而民生免遭涂炭等情。据此,查日官高如龙等招降蒙匪,声称与俄为难,窜赴新安镇盘踞,前据农安县姚令暨赵管带振纲等禀报,当经据情咨请大部照会驻京日使,查明饬禁,并咨盛京军督部堂就近代为查询在案。兹据禀,日队并降匪在新安镇迤南张家洼地与俄接仗,事后复行进街屯驻,其招降蒙匪始则强奸妇女,劫掠民物,濒行时又复抢夺大车牲畜等种种妄为,殊与中立公法违背。并听降匪煽惑,欲与华队为难,更属有碍大局。除批饬该府督饬申主簿等随时相机因应,审慎办理外,理合备文咨呈大部,谨请照商驻京日使转饬前敌各日队,嗣后勿招华匪、听信匪言,并禁止队伍滋扰地面,商民幸甚,大局幸甚。

光绪三十一年三月二十七日收盛京将军等函一件
查复日人招匪俄先犯中立情形及蒙古地名人名由

　　光绪三十一年三月二十七日收盛京将军等函称:前于正月廿间承准号电,准俄使照称,本月初七附近蒙古地方有日本四百、胡匪八十于方家屯左近攻铁路桥及各等因。正查复间,旋又承准宥电,饬照前电确查奉蒙境内有无日招匪事,并俄人曾否在蒙古先犯中立各案,据详晰电知,以凭照诘等因。兹谨将各处所报情形及其时日摘要另抄呈览,敬备钧核。至前电蒙古地名、人名,公主岭即公主陵,原隶达尔蒙旗,现归怀德县管辖,为俄铁路自吉入奉首站。宽城子即吉林所属之长春府旧名。金家屯在昌图府迤西,亦隶该府管辖。蒙匪博因大勒即白音大来,单毕喇嘛似即三喇嘛,其余译音多不可解,实难尽悉。再,奉电以后,即值日俄战事逼近省城,是以日久未能查复,想邀亮鉴。除分缄北洋大臣外,专此肃陈(附抄件)。

附录抄件　照各处牍报情形及其时日摘要备核由

附抄谨照各处牍报情形及其时日摘要,抄备钧核。电询俄人是否在蒙古先犯中立,并奉蒙境内有无日本招匪各节:

一、据彰武县周士藻报,光绪三十年二月初五日,俄员达都鲁夫带步队四十名、通事王范五,由县属高山台赴嗹噜采买马匹。

又,三十年二月初七日,俄武员阿力都满带马队二十六名、通事一名到县。

又,三十年二月十三日辰刻,俄员米阿国夫带俄人三名,由新民府到境购买牛只、小麦、谷草。

又,据新民府总巡赵玉良报,三十年二月二十八日,俄兵一百余名由新民屯赴边外哈尔套改。

自后所报俄队赴蒙之案多,不再赘录。

又,据绥中县程恩荣报,三十年四月初五日,日人内籐(藤)顺太郎到县招队,经该县禀奉北洋大臣电饬,将该日人解赴津海关道。自是边内外伏莽群兴,竞称日队,其最著者为冯麟阁、杜力山、金寿山,蒙匪白音大来、乌勒济、三喇嘛、额尔得尼桑、阿拉喇嘛即敦鲁卜、察干扣、阿敏、布虎拉塔、平迪诸人。历据新民、锦州、昌图三府州县文武,达尔罕、扎赉特、宾图、博王各蒙〔旗〕及热河、吉林咨禀,然有无匪徒伪托,不得深知。中国并有日员林宾宜在嗹噜击毙俄商,在彰武劫夺军火两事。

据彰武县周士藻报,三十年五月初三日,日员林宾宜同金寿山等在嗹噜宝祥店内击毙买牛俄人五并通事王范五及勾引俄人买马之王回回。

据彰武县周士藻、总巡芬车贺报,三十年八月初六日,日员李得盛等十人,解中道、白音大来等数百人,在该县所属之扣河子劫夺俄人军火大车二百余辆,击毙俄人七名,生擒四名。

电称,俄使照会,本年正月附近蒙古地有日队攻铁路桥一节。

据怀德县廖彭报称,光绪三十一年正月初八夜,二站铁桥被毁一孔,铁道亦坏两陇。

准吉林将军咨,有日官高如龙、王如松带日兵一百余名并带蒙古降匪七百余名,于三十一年正月初四日至新安镇,旋赴世隆合迤南攻三站铁道,并称另有千余名在蒙界哈喇巴山。

光绪三十一年四月初六日收盛京将军等文一件
查复太平岭日军并华人攻击俄军事系日招辽匪并无中国团练助击情形由

光绪三十一年四月初六日收盛京将军等文称:光绪三十年十一月二十四日承准贵部养电,内开:俄使照称,十一月十八日在太平岭有日军二百名并华人三百与俄军攻击。该华人编我各制军队,身穿号衣,上有中国团练第一、二、三之百人队字样,并在战场留尸七具为证。日本招募中国钜数团练,地方官不能不知而相助,请从严设法禁止等因。日俄各招匪队,屡烦辩诘。太平岭究在何处,即系战地,而号衣有中国团练字样,亦为俄使藉口。希饬密查,设法申禁,并迅即电覆以便照覆该使等因。详考舆图,承德有太〔平〕山,兴京通化有太平岭,又闻怀仁县亦有太平岭。当即派弁分路密查,并饬各该厅县据实查报并先电覆在案。十二月十三日,又承准贵部电开:俄使来照,十一月十八在太平岭攻日人二百会华人三百,七尸身认系宽甸县团练第一、第二、第六百人队,由日本给照发饷。日记称十月十六奉派由建昌前往巡逻,该队分六哨各等语。本部驳以中国制兵无百人队字样,并非地方官所派,且受日执照,由日给饷,即为私往投效,被日雇用之据,与前俄官马大力多夫等屡募华人编队情形无异。本年四月,马[①]已革游击齐玉春等带匪七百余与日军攻击。查公法,退职武员及兵民私投战国,中立国不担责任等因。宽甸在战境,建昌自系碱厂译误,希留意与俄员辩论,并密查情形,照齐玉春案办理等因。复经札饬宽甸县查覆,并将探询俄员据称不知其事各情详细函陈。嗣据派出各弁暨署兴京厅同知孙长青、署通化县秋桐孚、署宽甸县知县荣禧先后禀详,各该厅县皆无太平岭日俄攻击情事。且自光绪二十七年奉天裁撤团练之后,迄今已逾三年,各乡从无第一、第二、第三团练各名目,亦无此等号衣等语。并据署怀仁县知县刘丞朝钧详称:遵查县境并无太平岭地方,惟沿边有捞当沟一岭,俄人称为太平岭,俄使所称未知是否此岭。该岭在县西北,距城一百三十里,岭东归怀管辖,岭西归兴京管辖,该处日俄军队不时接仗。上年十一月十八之战,俄军击毙日军所招华人七名,卑职并未据报,亦不闻有此事,或者事涉两国军情,保正守我中立,不敢具报;或者事非怀界,均未可定。至称此项华人系中国团练号衣,有第一、二、三队字样,查日军所招均系华匪,并非团练,所穿号衣亦系日人制给,衣袂缀有红色布条,衣上亦有满洲义军及一、二、三队各字样。是俄使所称确系日军所招华队,而非中国团练,毫无疑义。况卑邑地面团练名目久已遵文革除,上年辽匪窜扰,卑职纠集清匪民夫,设法防剿,此项民夫皆属土著,身家清正之人,决不敢干预外事,又经卑职谆谆晓谕

---

① 马字下当脱"与""率"之类。

严禁,实无偏助之理。即地方官恪遵中立,守我局外之不暇,尚敢明知不禁又为暗助,更无是事。此中国团练与地方官毫无助日击俄之实在情形也。惟近闻辽匪多为日军所招,此等匪徒本在兴南辽北盘踞,上年扰及卑邑,即是此辈。该匪或称保险局勇,或称团练,任意横行,绝无顾忌。自制号衣鱼目混珠,在所不免。应请宪台咨覆外务部照会俄使,声明日军所招匪徒本属败类,实为干犯国典、倖逃法网之人,与俄军所招华队皆为中国自外生成者无异。两国所招均属匪人,碍难禁止。似此明白相告,庶免两国口实。是否可行,仍候钧裁。除仍严禁乡勇不准偏助外,所有奉饬查明中国团练并未助日缘由,理合据实详覆各等情,据此,查该县所查情形,与俄使所称尚属相近。惟各县团练久已奉文禁止,皆有案可查,该文武等恪守中立,亦断无任令乡民偏助之理。此项华民,其为日人所招匪徒无疑,自应查照公法及俄招齐玉春前案办理。惟奉省俄军现皆北退,无从辩论。至驻京俄使,既经贵部驳诘,或已不至再为藉口。除承德县之太平山核与俄使所指战地相隔稍远,应毋庸再行饬查,并分别批覆外,谨请将各厅县查覆情形咨呈贵部,请烦鉴核,备案施行。

日俄往来信件案

厅/司		科		类共计		件	编	
总事由	日俄往来信件案 光绪卅年八月发北洋大臣第四次抄送与日俄往来信件照会由。							
年	月	日	收	发	某机关文	事　由	原件	
							字	号
光绪卅	八	十二		发	北洋大臣文	第四次抄送与日俄往来信件照会由		
					附录抄件	六七两月与日俄往来信件照会各条由		

八月十二日发北洋大臣袁世凯文一件

第四次钞送与日俄往来信件照会由

光绪三十年八月十二日发北洋大臣袁文称：本部收发日使（俄）两使信函照会，曾于六月十三日第三次钞稿咨行尊处在案。兹查六月初六日至七月二十七日与日俄两使往来照会函牍，除已由密函附钞外，尚存有二十四件。相应抄稿并开单，咨行贵大臣查照备案，并希严密收存为要。

照录钞件

计开：

六月初七日收日本内田使照会一件。

无线电事。

七月初一日收日本内田使照会一件。

山海关道缓赴营口事。

七月初八日收俄雷使照会一件。

请保护烟台领事署并大罗俄人又烟台雷艇事。

七月初八日收俄雷使照会一件。

医院船战时号灯事。

七月十二日收俄雷使照会一件。

无线电事。

七月十五日收日本内田使照会一件。

山海关道事。

七月二十一日收日本内田使照会一件

东海税司扣运往烟台之货由。

七月二十五日收日本内田使照会一件。

民务公所事。

七月二十七日收日本内田使信一件。

大东沟木植事。

计收九件。

六月初十日发俄雷使照会一件。

无线电事。

六月初十日发日本内田使照会一件。

同上事。

六月十九日发日本内田使照会一件。

山海关道前往营口事。

六月初七日发日本内田使照会一件。

同上事。

七月初十日发俄雷使照会一件。

烟台领事署事。

七月初十日发俄雷使照会一件。

无线电事。

七月十二日发日本内田使照会一件。

大东沟木植事。

七月十二日发俄雷使照会一件。[①]

七月十二日发俄雷使照会一件。

烟台俄艇事。

七月十六日发俄雷使照会一件。

无线电事。

七月十七日发日本内田使照会一件。

---

① 七月十二日发俄雷使照会一件，下似脱漏事由。

调开沟帮子所驻日人事。

七月二十一日发日本内田使照会一件。

设立民务公所事。

七月二十二日发日本内田使照会一件。

烟台俄艇事。

七月二十三日发日本内田使照会一件。

商轮运往营口货物事。

七月二十五日发日本内田使照会一件。

大东沟木植事。

计发十五件。

童德璋

长福

傅嘉年①

朝鲜赴日祝捷案

	厅/司		科	类共计		件	编	
总事由	朝鲜赴日祝捷案 光绪卅一年三月驻日大臣函报朝鲜派员赴日祝捷由。							
年	月	日	收	发	某机关文	事　由	原件	
							字	号
光绪 卅一	三	十五	收		驻日大臣杨 枢函	朝鲜派李载觉赴日 本祝捷由		

光绪三十一年三月十五日收驻日本国大臣杨枢函一件
朝鲜派李载觉赴日本祝捷由

光绪三十一年三月十五日收驻日本国大臣杨枢函称：昨肃上第七十六号函，计可如期登览。朝鲜国近派义阳君李载觉为日本祝捷专使，随带员弁八人，已于上月三十日抵东京。日廷亦依常例豫备芝离宫接待，一礼拜后则迁出旅馆。枢于昨日偕各国使臣往谒义阳君。年三十二岁，人属朴实。相见叙寒暄毕，旋谓将来仍须亲赴北京，惟期日未能遽定等语。义阳君此行盖以日君（军）每战辄胜，强邻逼处，慑其兵威，因借祝捷之名以表亲睦之谊意。区区微弱之邦，分居两大，非牺牲玉帛待于二境，实不能自存，亦足悯矣。谨此奉布，统乞转陈堂宪为荷。

日俄议和总案

调停日俄战事案

厅/司		科		类共计		件	编	

<table>
<tr><td rowspan="2">总事由</td><td colspan="8">调停日俄战事案
光绪卅年八月电驻俄胡大臣调停日俄战事须详察该国内情,又电驻英法美德各大臣详探各国有无调停之意,卅一年二月驻日杨大臣函述与小村晤谈据云日俄政府均未露和意,三月驻奥杨大臣函称可由部邀同各国居间调停,驻美梁大臣函述日俄战事不便调停并与美总统外部谈论由。</td></tr>
</table>

年	月	日	收	发	某机关文	事　由	原件字	号
光绪卅	八	二十七		发	驻俄大臣胡惟德电	调停日俄战事须详察该国内情办理方有把握由		
				发	驻美大臣梁诚、驻英大臣张德彝、驻法大臣孙宝琦、驻德大臣荫昌电	日俄战事各国公论如何有无调停之意希向外部讨论务得意指密电备酌由		
光绪卅一	二	初三	收		驻日大臣杨枢函	往晤小村外部藉探虚实据云现在日俄政府均尚未露和意由		

（续表）

年	月	日	收	发	某机关文	事　由	原件	
							字	号
	三	十六	收		驻奥大臣杨晟函	详论日俄战事可由部邀同各国居间调停又奥外部有更动之说及捐廉聘得顾问一员等情由		
					附录抄报	自西历正月十八二十廿四等日各外报登载关于日俄战事及中国坚守中立各事译录以闻由		
		十七	收		驻美大臣梁诚函	详述日俄战事不便调停及与美总统并外部谈论各情由		

八月二十七日发驻俄国大臣胡惟德电一件
调停日俄战事须详察该国内情由

　　光绪三十年八月二十七日发驻俄国大臣胡惟德电称:漾电
悉。日俄相持未已,东省受祸日深,亟应力图挽救。尊虑声明主
权,为调停结束地步,自必确有所见。至谓战国或藉此收局,究竟
当轴有无口气流露,或系得之士夫商民舆论?此事发端极有关系,
全在觇彼内情办理,方有把握。希再详察电复。外务部。二十
七日。

八月二十七日发驻美、英、法、德国大臣梁诚、张德彝、孙宝琦、荫昌
电一件
日俄战事各国公论如何有无调停之意希向外部讨论务将意指密电
备酌由

　　光绪三十年八月二十七日发驻美、英、法、德国大臣梁诚、张德
彝、孙宝琦、荫昌电称:顷驻俄胡使电拟行文日俄两国,请其停兵,
并请各国调停,如无近效,继以专使,更继以催询,争主权明公理,
此为和平办法等语。东省战事相持未已,中国受祸日深,亦碍全球
大局,此举发端极有关系。究意(竟)各国公论如何,有无调停之
意,必须博访周咨,办理方有把握。希向外部详切讨论,务须得其
意指,密电备酌。仍望作为闲谈,勿露本部电意为要。外务部。二
十七日。

光绪三十一年二月初三日收驻日本杨大臣函一件
往晤小村云日俄尚未露和意由

　　光绪三十一年二月初三日收驻日本国大臣杨枢函称:昨肃上

第七十号函并报销清册,计登典签。日俄战事,自旅顺俄将投降后,波罗的海舰队停滞中途,奉天一带陆军现因气候严寒,亦未闻大战。顷闻东西日报有俄愿息战议和之说,并载和款数条,枢因往晤小村外部,藉探虚实。并劝以凡两国兴兵构怨,其结局要必言归于好,贵国自与俄开衅,节节取胜,诚足欣庆;但其闻殃及人命,糜费国帑,亦复不少。与其迟和而所伤益大,曷若早和而所损尚小乎?小村甚以为然,谓和平之局不特我东亚诸国所希望,即彼欧美诸邦亦料俄国当屡败之余,加以内乱迭起,欲图恢复,殊非易事,其势不能不出于和。惟现在日俄政府均未露和意,敝国仍一面整饬战备,一面视俄意向如何再作计议等语。以上情节,统乞转回堂宪,是所敬祷。

光绪三十一年三月十六日收驻奥国大臣杨晟函一件
详论日俄战事可由部邀同各国居间调停又奥外部有更动之说又捐廉聘得顾问官由

光绪三十一年三月十六日收驻奥国大臣杨晟函称:敬肃者,前寄二十五号函,计呈钧鉴。日俄战事相持已久,不独中国多所损害,全球亦隐为牵动,是以有识诸国皆欲劝请两国言归于好,以免再有他变。惟俄以著名欧洲强大,今为新起三岛之日本所败,揆之人情,心所不甘,遽难言和。不易调停,端在此耳。晟在奥已逾半载,所有各国驻奥公使,每一星期必能彼此会晤,亲睦联欢,迥异他国。至此间官报、私报以及半官报,凡有势力各报之总办主笔,亦都笼络而为我左右手。间尝于酬酢往来之际,恒以此时俄日宜修旧好,以保太平洋之局,作为闲谈,婉为申说,颇能耸动各公使。现在俄正内乱,俄皇日处危境,迩来各西报谓英、美、德、奥等国有出为调停之意。果于此时各国出为讲和，似可有成。惟以私意窥测，此时若由大部通饬驻扎各国使臣向各国政府声说，我政府愿两战国停战修好，邀同各国居间调停，如此办法运动，不露痕迹。愚昧之见，不识有当钧意否。俄人前次之布告，自我逐节声辩后，日本亦复两次接续驳其说之非理，俄廷噤若寒蝉。各国于此窃议，其理屈而词穷也。奥外部大臣果乐士奇主持外交历有年所，现在传言该大臣有更议之说，代之者为奥国驻俄之头等公使，但未见明文，不知是否的确。果有更换，则后之外交又将一变，容探实再行报闻。

敬再密肃者：查各国驻奥公使在奥探访一切，以为政府耳目。虽各具绝大智术学问，而所以能如此之消息灵通者，盖各有私下秘密不露姓名之顾问访事官，以为之左右手。此种顾问官，必须当居要津，饱学多识，始能实为我用。聘请既非易易，薪水亦殊钜也。现在时事多艰，采访国举动尤宜灵捷，以俾及时报由大部，早为筹画。本馆经费虽甚拮据，而办公所需，晟亦何敢顾惜区区以误事机。现于前任移交之办事洋员一名外，已密聘得一员作为私家顾问官，每年薪水一万二千古伦，由晟自行捐薪发给，并不开支公款，以期撙节，庶于公事有裨。再，该员并不与闻署中各项公事，平日亦不到署，只于密报事件并备顾问耳，谨此密肃（附抄件）。

附抄正月十八号半官报云：俄国因中国损坏中立布告各国，现在办理交涉之人屡为此殷勤讲论。日前业经登报，言俄政府此次举动是因旅顺口已失，欲另觅停船要地以备再战。此固俄国紧要之事，然中国因此极其注意，亦系自然之理。兹得确信云，中国政府言明，自日俄开仗以来，总未损坏中立。所有中立应办之事，无不认真办理。至他国接函后应作何举动，尚待北京消息。观此可见中国最要之著，须看日本于此有何办法。而且中国政府必速行告明驻京俄使，并饬驻俄使臣向俄廷辨明，言俄国布告各国中国损坏中立之事毫无实据。至俄国如何续办此事，现尚未知。

正月二十号德报云：中国中立一事屡为各国办理交涉者谈及。兹据路透电称，礼拜四日俄驻美公使嘎斯泥将俄复美廷之照会送交海大臣，其中又将中国如何不守中立情形指明。但中国政府自云尚未接此项照会，无从敔复。然办理交涉者均以为中国之守中立，实在坚定不移，并无间断，日俄两国绝无隙之可乘。又有人云，红胡子之助日，乃乱民之举动，与中国无涉，不能责成中国政府云。

二十一号英京据路透电称：美国海大臣因保全中国发函布告各国，其中紧要关键是禁止战毕占据中国土地。至旅顺口一节，并未提及。闻此函英、法与德皆已收到，其办理交涉者云，各国自愿如此办法，将来龃龉之事或可免云。

德议政院现接胶州巡抚禀函，内将该地方建造举办各事以及商船在青岛上卸各货与考察该处庵观寺院并与华员交往情形从简陈明，并绘具图说十八幅，随禀寄呈。言与华员往来极属和平，至德人所行，华人亦皆相信，此与山东全省最属相宜。兹准该省巡抚之请，在济南府新造一华人病院，延德国海军医一员。其中国巡抚①亦归青岛巡局训练。现在胶州进款约至四十三万三千七百六十七马克一十五分，其中有地税租价讼费及工艺凭据所进大税约三千八百四十八马克，另外入款尚有二万九千八百一十二马克二十二分，罚款约收入一万三千三百零八马克七十八分，船钞约收七万

---

① 巡抚，疑为"巡捕"或"巡警"之误。

九千五百二十一马克二十九分,至验肉费约收三万三千百百①二十马克七十九分,出猎凭单费及出售军器费共收二千四百零七马克九十四分,洋药钱三万三千一百三十六马克三十三分,学费约收四千八百五十七马克四十三分。

美外部海大臣日前曾照会各国政府,是心(否)真心遵照前议,保护中国太平及中立界限?英、法、德均已答复,愿与美国共守前议。

据可靠消息云:俄国波罗提第二舰队统领已无径赴远东海面之意,大约该舰队离马达加斯加向东进发,绝不离印度洋,更不越过南洋群岛,以免与日相遇,须在途中再俟三个月方可定计。俄国新报甚以该统领之计为然,并云上策,当速召回该统领,因海中大战胜负常操于舰队之多寡,现查日本水师大势,即使第三、第四舰队到后,亦不能必胜,何必自取败辱?是以召回第二舰队实为保全俄国最要之图。

俄国旧俗,向因俄京泥华江水秽恶,饮之致疾,俄皇向兼教皇,须其亲祷方可无患。日前俄皇在冬宫复行此礼,彼时泥华江对岸之炮队声炮相庆,忽有飞弹穿双层玻璃窗,堕于宫中,致死侍卫一名。是时各国驻俄使臣均集,幸未波及。初以上礼拜二操演,遗一炮弹未曾取出,既知系欲谋不轨者所为,殊可恨耳。

俄国现在各厂均经停工,各省亦有乱势,大约日内当有大乱。波兰人民亦聚众揭竿起事,群呼于路曰波兰万岁。

西正月二十四日维恩新报称:有俄国才士某甲出避(游)避寒,甫到奥京,遽闻本国惊信,遂命驾返俄。当其在奥小住之日,余

---

① 原文如此。

曾与之谈论近日俄国情形，而其有裨益于其国者，特录其说于下。甲曰：俄国近日实在情形，我尽可言之，但伊名切不可露，否则不但行抵俄境被捡，且必置诸缧绁。余问之曰：俄国大变乎？抑小乱乎？尚可弹压否？答曰：俄国必将大乱，非止俄京一处，凡俄国各城镇皆蔓延为患矣。至其维新之有效与否，其政府各员盖不至如从前之因循退缩。至将来如何定局，现尚未知。惟目下所有为国之臣，皆欲举威脱为全国维新领袖，盖非此不足以挽回大局也。余问其目下威脱有何经济，答曰：威脱藏器于身，待时而动，苟其掌大权而抒伟略，其措施必顺民情。而此次变乱之大，俄皇并不关心，盖其深居简出，而廷臣遇事又壅于上闻，故于实在情形尚未洞悉，惟有威脱可望。其使亲王米士奇向俄皇言之，俄民之怨其主与怨公爵瓦拉底米阿力希士及萨志士等。伊等记载最多而最畏变法，萨志士尤甚。莫师古城有学生冒充巡警者，亲王米士奇向俄皇言之，而俄皇即将该公爵遣回。倘莫师古变乱，其关系更甚于俄都也。

罗马函称：该处近接俄京消息，其外部及俄国俄署均为惊恐。以俄国现在情形，直如百年前之法皇鲁义第十六及泥古腊第二。并云此次俄国大变，但愿其不似从前法国之惨，俄皇不至失位即为幸云。

总报之论俄国情形，内载俄国欺人太甚，日本不得怜之等语。日本男爵苏义马组①云：俄官乘此痛改前非，将内政外交认真整顿，则目下之事未必不可鉴于后人。夫欲辟土地而妄肆侵伐，终必取祸。至其兵力如何可恃，及将来兵制或因此而改，尚未可知。然其内乱非常而不思防备，殊令人错愕也。

---

① 苏义马组，当为日文"末松"（Suematsu）之音译，即末松谦澄，1895 年封男爵，曾任法制局长官、递信大臣、内务大臣，日俄开战后在欧洲从事宣传工作。

前署中日公使西博德函称：英德交谊于近数日内不但不能见好，抑又甚焉。英国官员恶教吓人，固屡惯技，然近闻水师官阿尔秃雷所云，实可令人注意。该员略称，英国新造船只即因德国起见，英之目的不甚注重法国及地中海，而着重在北海，此即专为德国而设。如果不幸有宣战之事，英国船只即能于德报未刊战信之前首先开仗。现在德英二国尚属安静，似乎无其争端。然彼此以论说相斗，或指明或暗说，其式不一，即有人劝其慎秘，亦不肯从。英国报章任意谈论，于此时也尤当小心，窃恐将来遇有不测，英德虽属戚谊，仍不免有仇视之心。况英国见德国商务兴旺，船只增修，甚为疑虑。前者英增北海船只，此乃人所共知。后德国闻之发函诘问，并得不满意之回复，德国遂亦以多增船只答之。据此以观德英将来，恐将不和。且英国时局较胜于俄日开仗之先，因新与法订约，英国脚步业经跕稳。况英之印度经俄失东亚权利后，亦属稳固。其俄法二敌暂无旧日利害。此等情形，德人亦甚明白，并知遇事之秋，英国能以全力专用之于德国。由此观之，将来不利于升平大可概见。《泰晤士报》近载谣言云，英国悦日本之心已为减少，此不见确。并云英国将来不再与日重订盟约，此事传出亦未免稍早，似不必提。因英日联盟之约内称，如果同约者与他国争战，此时此约虽满年限，亦不必重订，仍堪续用等语。今查欧亚政务情形，余以为日俄战后英国与日将重订盟约，或者俄之结局好，能有权力禁其盟约，免与彼有害，亦未可知。

光绪三十一年三月十七日收驻美国大臣梁诚信一件

详述日俄战事不便调停及与美总统外部议论由

光绪三十一年三月十七日收驻美国梁大臣信称：本月十四日

肃上美字第六十一号函,计荷堂察。二十日祇奉号电,以日俄渐已厌战,各国多欲调停,饬向美外部讨论妥善办法,仰见邸堂列宪公忠雅量,百里瞻言,曷胜佩服。诚遵即密晤海外部约干等婉词窥探,悉心商榷。海以为调停办法由我邀请,殊多窒碍。且事机未至,欧洲各国亦即无从着手。诚前谒美总统,所言亦略相同,不敢以游移之词上渎钧听。经就耳目所及,参以管见,于二十二日肃电奉①。日俄之事,我为地主,实受兵灾。邀请各国为之居间,本系题中应有之义。在日俄师老财匮,早得休兵,或将心许。在各国因义图利,假以间隙,尤所乐闻。独我介居其间,举动言谈均多牵掣,胶广往事可为前车。而况俄人之创痛未深,日本之贪心正炽,苟藉词市德,驻兵不行,后户之狼未驱,前门之虎复逞。即使迫于公论,归我虚名,而仍各认范围,隐施势力。居间各国为利而来,只知责报,固无论矣;即有素重义声者抗颜责难,亦恐格于成例,不能兵力相争,或将以门户洞开均霑利益,迁就了事。言念及此,殊可寒心。是邀请调停之策利在日,利在俄,利在各国,而害则我独承之,似未见其当也。不如严守中立,预筹善后,以保疆固权之说时告日本,坚其宣战布告之约;以均势兴商之说时讽英美,起其主持公道之心。内外一气,沉机观变,坚持数月,俄人再遭衄败,必有倩德法调停。我再从中运动,务使开设公会,由我派员与议,明定条款,永远遵行。或足以数行之盟书,保万年之疆土。即使公会不成,条款不立,而日俄力尽财穷,势成两败,亦只奉己持盈,不敢公然侵夺,则东三省可为全璧之归,于我尤霑实益。邸堂列宪机衡在握,识冠古今,谅已于此中消息斟酌至当矣。道路传言,日本以此番有事,英

---

① 奉字下似脱一"闻"或"达"字。

人处处规避,未也。所谓公会集议,有碍中国者,即各国责报之说也。诚前有所闻,与海外部密商,电告各国,申明不侵华疆之约。德国首先复答,乐表同情。盖其谋画早已周妥,知俄人之不足恃,亦不欲于山东一省而外别事侵渔,已可概见。法人于南方情形亦正相类。英主保守,奥义从同,均已次第复文,允如美约。欧洲列强锐兵虎视,皆觇美国宗旨以定从违,而俄尤曲意交美,冀得欢心。故前次中立一案,经美复文为我辨诬,言词颇厉,俄人即不复置辨。一言九鼎,是其明征。将来倘有公会,美国主持其间,当不至别生枝节。然防患贵于未萌,图终先于虑始,固不敢轻心臆断,以为莫或予毒也。俄人经营东亚已数十年,即使退出哈宾①,亦必于蒙、新一带别起要索,尤须及时策画,毋令临事张皇。邸堂列宪旋乾转坤,必有至略,似宜博采群策,参酌议行。总期各国有均享之利,俄人息割据之谋,互相维制。内政本不应妄参末议,惟念两国交谊之敦,贵大臣相知之雅,用敢不避嫌疑,勉尽忠告,望即转达贵政府采择施行。将来东三省奠安盘(磐)石,外人永绝觊觎,实大局之幸。以上所言,望作为个人条陈观可也等语。诚细玩总统所言,诚为切要,应否转奏之处,未敢擅专。谨一一照述,伏候邸堂列宪裁断施行,不胜翘企。专肃,即希代回,并请训示为荷。

---

① 哈宾,即哈尔滨。

中国对于日俄和议声明事件案

厅/司	科		类共计	件		编	

总事由	中国对于日俄和议声明事件案 光绪卅一年夏照会日俄两使声明日俄议和条款牵涉中国事件未经中国允准不能承认等情,日使照复此次商订和约不得稍涉箝束,德墨两使照复已转达本国政府,驻日大臣报向日外部声明来往文稿,日使照称日本舆论以中国所声明为怪讶等情,驻义驻奥两大臣亦报向驻在政府声明由。

年	月	日	收	发	某机关文	事　由	原件	
							字	号
光绪卅一	六	初四		发	日本内田公使、俄国璞公使照会	声明日俄议和条款牵涉中国事件未经中国允准不能承认由		
		初六	收		日本内田公使照会	此次开议和约应专在日俄两国之间彼此商订不得稍涉箝束特以声明由		
		初八	收		德国公使穆默照会	准照称日俄议和条款倘有牵涉中国事件未经与中国商定一概不能承认等因已转达本国国家由		

（续表）

年	月	日	收	发	某机关文	事　　由	原件	
							字	号
		初九	收		墨国胡署使照会	准照称日俄议和条款倘有牵涉中国事件未经与中国商定一概不能承认等因已译达本国政府由		
		初十	收		德国翻译夏礼辅函	补送初八日照会德文件由		
		二十一	收		驻日大臣杨枢函	日外务省照复并解释文句由		
					附录致日本外务省照会	声明牵涉中国事件未经中国商定概不承认由		
					附录日本外务省覆文	照称等因备悉此次贵大臣之照会于议和所关帝国之行动未足有所拘束由		
	七	初五	收		日本内田公使函	日本舆论以中国所声明为怪讶恐将来商定东三省事宜辄多窒碍由		
	八	初一	收		驻义许大臣文	日俄议和奉支电声明要件已接得复文由		
					附录致义外部照会	奉本国外务部电开等情照会贵大臣查照由		
					附录义外部复文	准照称等因业经一一登记由		

（续表）

年	月	日	收	发	某机关文	事　由	原件	
							字	号
		初四	收		驻奥杨大臣函	支电训条当照会奥外部并亲晤该部大臣声明一切现各国切盼和局报章亦然此次赴花草会费用俟年终汇案报销由		
					附录译件	日本喀内科对美新闻记者论德国在中国商业之发展并附各报论中国之对日俄和议各事由		

光绪三十一年六月初四日发日内田、俄璞使照会一件
声明日俄议和条款牵涉中国事件未经允准不能承认由

光绪三十一年六月初四日发日本国公使内田康哉、俄国公使璞①照会称：前年贵国与俄、日本国不幸失和，中国政府深为惋惜。现闻将开和议，复修旧好，中国政府不胜忻幸。但此次失和系在中国疆土用武，现在议和条款内倘有牵涉中国事件，凡此次未经与中国商定者，一概不能承认，业经本部电知出使杨、胡大臣照达贵国政府，预为声明。除照会俄、日本国驻京大臣暨各国驻京大臣转达各本国政府外，相应照会贵大臣查照可也。

光绪三十一年六月初六日收日本内田公使照会一件
照复此次开议和约应专在日俄两国之间彼此商定不得稍涉箝束特声明由

光绪三十一年六月初六日收日本国内田〔公〕使照会称：接准光绪三十一年六月初四日来照，内称前年贵国与俄国不幸失和，中国政府深为惋惜。现闻将开和议，复修旧好，中国政府不胜忻幸。但此次失和系在中国疆土用武，现在议和条款内倘有牵涉中国事件，凡此次未经与中国商定者，一概不能承认，业经本部电知出使杨大臣照达贵国政府，预为声明。除照会俄国驻京大臣暨各国驻京大臣转达各本国政府外，相应照会贵大臣查照可也等因。本大臣均已阅悉。查此次本国政府与俄国开议和约，应专在日俄两国之间彼此商定，故不得因贵国政府此次照会，将本国政府议和事宜

---

① 璞，即俄国驻华公使璞科第（Дми́трий Дми́триевич Покоти́лов）。

欲行举动稍涉拑束也。兹奉训饬前因,特此声明,相应备文照复贵王大臣查照可也。

光绪三十一年六月初八日收德穆使照会一件
照会复日俄议和条款倘有牵涉中国事件未经与中国商定一概不能承认等因已转达本国国家由

光绪三十一年六月初八日收德国公使穆默照会称:本年六月初四日接准照称,前以日本、俄两国不幸失和,中国政府深为惋惜。现闻将开和议,复修旧好,中国政府不胜忻幸。但此次失和系在中国疆土用武,现在议和条款内倘有牵涉中国事件,凡此次未经与中国商定者,一概不能承认,业经本部照会日本、俄国驻京大臣,预为声明。除分电驻扎各国出使大臣知照各国政府外,相应照会查照等因前来。本大臣除将前因转达本国国家外,相应照复贵亲王查照。

光绪三十一年六月初九日收墨国胡署使照会一件
照复日俄议和条款倘有牵涉中国事件未经中国商定一概不能承认等因已译达本国政府由

光绪三十一年六月初九日收墨国署使胡①照会称:前准来文,内称因日俄两国将开和议,现在议和条款内倘有牵涉中国事件,凡此次未经与中国商定者,一概不能承认等因前来。本大臣现已将原文译就,转达本国政府查照,相应照复贵爵查照可也。

———————————

① 胡,即墨西哥代理驻华公使胡尔达(Pablo Herrera de Huerta)。

光绪三十一年六月初十日收德国翻译夏礼辅函一件
补送初八日照会德文由

　　光绪三十一年六月初十日收德国翻译夏礼辅函称：本月初八日收穆大臣以日俄议和贵部照会日、俄国驻京大臣有预声明之件，照复贵部在案。当时未能配德文，今将德文缮齐，合行补送台端，请即查照转达为荷。

光绪三十一年六月二十一日收驻日本杨大臣函一件
（密件）日外务省照复并解释文句由

　　光绪三十一年六月二十一日收驻日本国大臣杨枢函称：本月初二日肃上第九十三号函并附奏折一封，乞请粘贴印花代为呈递，想荷费神照办，感纫奚如。初五日奉到支电，遵即备文照会外务省。嗣于初七日接准覆文，内开：所有来意，备悉一切。惟此次会议统归日俄两国直接交涉，不许第三国容喙及干预。是以此次贵大臣之照会于议和所关帝国之行动，未足有所拘束者也等因。枢恐末二句语意费解，因改为"故不能因接有贵国照会，牵制会议之事"等句，以期明晰。当即摘要电达左右。去后，寻思日本虽系同文之邦，惟所用名词恒与中国稍异，因恐改易之句或与原文之意稍有不符，特遣卢参赞永铭往问外务省秘书官。据云：我国与俄国所议系第一件事，我国与贵国所议系第二件事，不能因贵国之照会遽阻我国拟议之目的。文中所谓"于议和所关帝国之行动未足有所拘束者"，仍期达我拟议之目的，非有他意。至将来有关于贵国之事，仍当与贵政府直接相商也云云。兹将往来照会抄录呈览，并希转回堂宪为叩。再，今日系兼理外务大臣桂太郎接任之期，接见各国公使，声明现值暑假期内，此后遇有要事,即与次官珍田舍己相商等语。顺以布陈(附呈抄件)。

附录致日本外务省照会　声明牵涉中国事件未经中国商定概^①承认由

照录致日本外务省照会称：敬启者,顷奉本国外务部电开：贵国与俄国不幸失和,本政府深为惋惜。现闻将开和议,复修旧好,本政府不胜欣幸。但此次失和系在本国疆土用武,现在议和条款内倘有牵涉中国事件,凡此次未经与中国商定者,一概不能承认,除分电驻扎各国使臣知照各国政府外,特饬向贵政府预为声明等因。为此函达贵大臣请烦查照,专此奉布,顺颂时祉。大日本内阁总理大臣兼外务大臣伯爵桂太郎阁下。杨枢谨具。第一百四十号。光绪三十一年六月初五日。

附录日本外务省覆文　照称等因备悉此次贵大臣之照会于议和所关帝国之行动未足有所拘束由

照译日本外务省覆文称：拜启。敬陈者,准贵历六月初五日第一百四十号贵大臣文开,以曩日日俄两国失和,用武于清国疆土,此次议和条款若有关系于清国,未经与清国商定者,一切不能承认等因。所有来意,备悉种切。惟此次会议统归日俄两国直接交涉,一切不许第三国容喙或干预。是以此次贵大臣之照会于和议所关帝国之行动,未足有所拘束者也。除饬内田公使将此意向贵国政府声明外,专此布覆,即希查照为荷。须至照覆者。右照复大清钦差出使大臣杨。明治三十八年七月八日。

———————

① 概字下似脱"不能"二字。

光绪三十一年七月初五日收日本内田使致王爷信一件
(密件)日本舆论以中国所声明为怪讶恐将来商定东三省事宜辄多窒碍由

光绪三十一年七月初五日收日本内田使致王爷信称：前因贵国政府照会日俄两战国以及各与国，声明日俄两国议和条款内倘有牵涉中国事件，凡此次未经与中国商定者一概不能承认一节，现在本国舆论鼎沸，颇以中国此举为怪讶，惟恐将来商定东三省事宜辄多窒碍，本大臣关念殊切。所有衷曲所在，日前业经面晤那中堂，谅已早达清聪矣，仍祈贵王爷省察是幸。特此泐函布闻。

光绪卅一年八月初一日收驻义许大臣文一件
日俄议和奉支电声明要件已接复文由

光绪三十一年八月初一日收驻义许大臣文称：窃照光绪三十一年六月初五日承准大部支电内开：兹有声明要件，其文如下：前以日俄两国不幸失和，本政府深〔为〕惋惜。现闻将开和议，复修旧好，本政府不胜忻幸。但此次失和系在中国疆土用武，现在议和条款内倘有牵涉中国事宜，凡此次未经与中国商定者，一概不能承认，除电驻日、驻俄两使臣向日俄两国政府声明外，并请贵政府查照等因。希即照会外务部。承准此，即遵照来电翻成法文，当日照会义外部去讫。兹于十二日接到义外部复文，相应抄译往来照会咨呈贵部，谨请察照(附抄件)。

附录致义外部照会　奉本国外务部电开等情照会贵大臣查照由

照录致义外部照会文

为照会事：顷奉本国外务部本月初四日电开：前以日俄两国不幸失和，本政府时深惋惜。现闻将开和议，复修旧好，本政府不胜忻幸。但此次失和系在中国疆土用武,现在议和条款内倘有牵涉中国事宜,凡此次未经与中国商定者,一概不能承认,除电驻日、驻俄两使臣向日俄两国政府声明外,并请贵政府查照等因。为此照会贵大臣,请即查照。

附录义外部覆文　准照称等因业经一一登记由

　　照译义外部复文

　　为照复事:奉贵大臣本月七号来文,以贵国外务部电文通知本大臣,贵国政府已向东京、森彼得堡两政府声明,将来约章条款凡关中国事宜而未与北京政府公同商妥者,自留不认之权。本大臣谢贵大臣照会,业经一一登记。为此照复。

光绪卅一年八月初四日收驻奥杨大臣函一件

支电训条当照会奥外部并亲晤该部大臣声明一切现各国切盼和局报章亦然此次赴花草会费用俟年终汇案报销由

　　光绪三十一年八月初四日收驻奥杨大臣函称:前寄第三十六号函,计呈钧鉴。前奉大部支电训条,当经遵译法文照会奥外部,并亲晤该部大臣声明一切,允为存案,业经电达在案。现在各国意见,仍是切盼和局,方针尚无变更。此间官报、半官报以及国民等各大报章纷纷刊载,著为论说,略谓中国自保主权,即系维持东方实在和平之局,各国应为调护以保升平大局。况自日俄失和以来十有余月,中国煞费苦心,始终保守中立,其有功于各国东方商务实非浅鲜。中国为东方一大商埠,各国为自保商利起见,亦应力助中国维持主权,期无损失,而免将来争端。现在日俄虽云直接议和,而利害所关各国岂宜安于缄默。即使此次中国无此布告,各国调处尚属义不容辞;今既中国有此布告,则各国从而干预正是绝好机会等语。自奥报发端,而德、法、英各报亦特表同情,议论广播,政府隐为所动。仰瞻荩筹,莫名钦佩。容再探有确音,当随时区别缓急,分别电函报闻。花草会经晟派员预为研求,届期赴会,并亦亲往周览,其委员等在会宣讲一切,均属得体动听,可慰厪怀。至此次赴会一切费用,系由本署常年经费项下暂为垫支,俟于年终汇案另报作正开销。除备牍咨报外,并以附陈。专此肃泐(附译件)。

附录译件　日本喀内科对美新闻记者论德国在中国商业之发展并附各报论中国之对于日俄和议各事由

　　照录日本致仕大臣喀内科①现已游至美京,美访事名勃利脱者访之。喀曰:远东并无所谓黄祸,有则德祸是已。自一千八百九十五年日与中国所定条约开辟中国门户,以通全球商务,德人蜂拥而至。初以限于口岸,凡事皆藉华人居间维持;今则不然,通中国各处皆可任其自如。以德人商业之兴,考查之细,中国各处无不有德人之货及其足迹。即以洋布论,向以英美为巨擘,但彼不甚留心求合于华人所好,德人则每物必投华人所好,故德货销路现在已驾英美而止。此等情形,予在官时曾亲试验。英美人之来求利益者皆面露骄矜之色,一若无丝毫求于人也。德人则有北德船行公司以通其商务,该公司章程务求便于日华商家,其价廉于英公司。向求进口洋布,以英为最,今则属于德人,以其价较廉也。英货虽质美耐久,无如华商乐购德货。自中日战后,日本始为欧人②,德人则倡黄祸之说,使欧人皆注意于日本,而彼得乘时以逞其欲。其

──────────

① 喀内科,当为日文"金子"(Kaneko)之音译,即金子坚太郎,曾任农商务大臣、司法大臣等职,日俄开战后在美国从事宣传工作。
② 人字下似有脱漏。

商贾纷集于东方各口,如怒潮之汹涌,期捷足先登。至于棉花,本美商专利。所惧者,印度之攫夺耳。而糖则不然,现在中国各处几为德奥二国所包办,即吾日本所用亦以德奥之糖为多。初运机器来远东者,惟英人耳,今则美德皆运机器至矣。至于日本印书报所用之纸,则尤以德为大宗,因日本纸价不及其廉也。观此则知英、美、德在东方商业断非日本所能争,又何所谓黄祸、日本祸哉?今者人人皆言战后日本必获大利,不知日本第一着系将满洲开辟,以与万国通商,并无所谓私利。日本之与俄战,为开通也。盖以俄人趁中日之战攫其地闭关以自利,满洲五金各矿以及农务为天下之冠,若将此地开通成为茂盛之区,中国各省商人得乘机观摩,知其利益,各省必将自辟,此自然之理也。中国既与各国习惯,知新学之益,必将从而效之。日本再从而因势利导,岂非中国前途之福、保全太平之枢纽哉?

西七月十一号奥京官报云:中国政府因日俄和议之事宣布各国,此事已纷载各国报章。昨据华盛顿路透电报,谓中国政府欲派专员至美京会议,以致各报议论纷纷,莫衷一是。本报顷得英京妥靠信息,云中国政府并非欲派专员前往会议,只欲两国议和之际凡有关涉中国主权、疆土之条款务须先行知会中国,以免伤损利益耳。吾侪深喜中国政府此举,实属令人佩服。

西七月十二号奥京半官报云:日俄战于中国疆土,及今一年有半矣。中国政府于此时虽费苦心,保守一切,然其东三省已属受累不浅。现两战国既有和意,中国自当保其权利,此一定之理也。故于此时预先声明,和议条款凡有涉于中国主权、疆土者,务须先行知照中国政府,以凭查核,若有未经中国允准之款,概不承认云云。查一千八百九十八年三月二十七号中俄定立条约,俄人租赁旅顺、大连湾,并在满洲得筑造铁路之利益。现经日人以兵力夺取旅大,并得西伯利亚铁路之一大段,则将来和款必然议及此条。中国政府自有权理(利),不任其自行议办也。

美京电称:驻美俄公使喀希尼现赴纽约,拟在该处搭船回国。闻其赍有美总统致俄皇亲笔信一件。

美外部现已选定太平洋海滨浦磨司新落成之房屋为日俄二国议和公使会议之所,业经电告该二国公使,该公使等均已允诺称谢。

对日俄议和筹议因应案

厅/司		科		类共计	件	编	

总事由	对日俄议和筹议因应案 光绪卅一年夏奉电旨日俄将议和如何因应着各密行电奏,旋驻日、驻奥、驻英、驻美、驻义、驻法各大臣屡有章奏并函达本部有所献议,并探告该两国及各国之近情与报章所评论,最后译述和议条款并对其条款之办法由。

年	月	日	收	发	某机关文	事　由	原件	
							字	号
光绪卅一	五	二十一	收		电旨	日俄议和如何因应及接收东三省办法着各督抚悉心筹画密行电奏由		
			收		政务处传抄	奉旨日俄议和传知各衙门密行具奏由		
		二十四	收		电旨	电各出使大臣日俄议和如何因应悉心〔筹〕画密行电奏由		
		二十六	收		驻日大臣杨枢致丞参函	小村云俄之愿和非出至诚并陈两国各有所恃未易撮合由		

（续表）

年	月	日	收	发	某机关文	事　由	原件	
							字	号
	六	初十	收		驻日杨大臣函	前电陈议和因应大纲兹将原电奏录呈由		
					附录电奏底稿	请于两国未开议之先声明有关于我国及东三省事宜者须经我国允许方可施行由		
		十七	收		电旨	前谕令各督抚筹议因应日俄和约办法张之洞日久未奏着该督通筹一切即日电陈由		
		二十六	收		驻美大臣梁诚函	请要求日政府将东三省管辖全权一概退还并报议和地点已决定在华盛顿由		
	七	初一	收		驻日杨大臣函	俄全权大使系主和党首领当不再决裂并述日议和后注重商业中国宜提倡公司以备抵御由		
		初九	收		驻英大臣张德彝函	日俄议和俟有确闻再行悉心筹画又嗣后俄人往调达赖喇嘛应如何由库伦大臣婉言谢绝请酌核由		

（续表）

年	月	日	收	发	某机关文	事　由	原件	
							字	号
		二十	收		驻义许大臣致丞参函	疏陈因应事宜请回堂及代备安折由		
					附录奏稿	请派重臣使俄慰劳照会日本订定接收东三省条款并拟借美债赎哈尔滨至旅顺之铁路由		
		二十三	收		驻奥杨大臣函	日俄和款凡关于中国主权土地不宜稍一迁就薄此厚彼至东三省焚毁村庄战后索偿亦名正言顺由		
					附录法文报	详论中国练兵进步及各国海军近事并日俄和议情形由		
	八	十三	收		驻美梁大臣函	日俄和议若何因应略陈管见由		
					驻法刘大臣函	详述与法外部面谈各事乞酌回堂宪由		
		二十八	收		驻美梁大臣函	函陈谒美总统询东三省办法由		
	九	二十三	收		驻美大臣梁诚函	论日俄和议将成我宜先发制人向俄索偿四款由		

年	月	日	收	发	某机关文	事　由	原件	
							字	号
十	初五		收		驻日大臣杨枢文	函陈日俄和约第三款中国可抱定此说与之持议铁路驻兵一节若能买回全路则保护之权在我否则难办到由		
					附译日俄和约	全文十五款并第三款及第九款附加事项由		

光绪三十一年五月二十一日奉电旨一件

(密件)日俄议和如何因应及接收东三省办法各密行电奏由

光绪三十一年五月二十一日奉电旨一道称：奉旨：日俄两国已有和意,闻有在华盛顿两国直接开议之说。中国现在应如何因应及将来接收东三省应如何善后办法,着各省督抚悉心筹画,各抒所见,密行电奏,以备采择。钦此。

光绪三十一年五月二十一日收政务处传抄一件

(密件)奉旨日俄议和由政务处传知各衙门密行具奏由

光绪三十一年五月二十一日收政务处传钞谕称：交外务部。本月二十一日军机大臣面奉谕旨：日俄两国已有和意,闻有在华盛顿两国直接开议之说,中国现在应如何因应及将来接收东三省应如何善后办法,着政务处传知各衙门悉心筹画,各抒所见,密行具奏。钦此。相应传知贵部钦遵可也。此交。

光绪三十一年五月二十四日奉电旨一件

电各出使大臣密件

光绪三十一年五月二十四日奉电旨一道：奉旨：日俄两国已有和意,闻有在华盛顿直接开议之说,中国现在应如何因应及将来接收东三省应如何善后办法,着该大臣等悉心筹画,各抒所见,密行电奏,以备采择。钦此。

光绪三十一年五月二十六日收驻日本杨大臣致丞参函一件

小村云俄之愿和非出至诚并陈两国各有所恃恐未易撮合由

光绪三十一年五月二十六日收驻日本杨大臣枢致丞参函称：

昨上第八十九号函,亮登典签。枢顷间往晤小村外部,询及日俄和局一节。据称近接驻日美使照会,承美总统轸念两国生民涂炭,糜费无算,愿出而调处战事,重修旧好。敝国复文大致谓:俄国果诚心决计欲恢复和平,敝国当谨从大统领之劝告。俄亦同时接到美之照会,惟两日之后始行答覆。文中虽有愿和之语,恐非出于至诚,未可遽信等语。闻俄廷近日情形政出多门,主战、主和各树一党,故屡经会议,迄无定见。日则上下一心,自开战以来内债募有五万万,外债募有四万万,迭次增税,民无怨言。近年工商之业愈见发达,即续募债亦非难事。故不肯速和,坐失事机。要之,俄则恃其国大,难以降心低首;日则狃于战胜,不免趾高气扬。两者各有所持,虽有居间调停之人,亦未易撮合也。窃以为无论为和为战,皆与我大有关系。亦惟有修武备,固边防,内外蒙古尤当注意而已。以上情节,统乞转回堂宪,是所叩祷。

光绪三十一年六月初十日收驻日本杨大臣函一件
前电系日俄议和因应大纲兹将原电奏录呈由

光绪三十一年六月初十日收驻日本国大臣杨枢函称:昨上第九十号函,计已登览。枢于二十五日承准军机处电传谕旨:日俄两国已有和意,闻有在华盛顿直接开议之说,中国现在应如何因应及将来接收东三省应如何善后办法,着该大臣等悉心筹画,各抒所见,密行电奏,以备采择,钦此。闻命之下,感悚莫名。枢今晨先将现在因应之法撮举大纲,电请钧署代奏,谅邀鉴及。枢恐电码偶有错误,兹特抄录一纸寄请台览。至详细办法及善后事宜,因篇幅太长,拟具折密奏。刻因日本各学校毕业之期,枢须亲赴各校观礼,故近日异常忙碌,容缓三五日再行缮折寄呈,仍请钧处代递。再,俄国前已派定驻法大臣为议和正使,当经电达左右。日本拟俟俄国副使已定,始行简派。昨晤小村,面陈此间专使一俟派出,定当知照等语。据闻日廷拟派小村寿太郎为正使,驻美日使高平小太(五)郎副之,惟未见明文。俟有确音,自当电告,统祈转回堂宪,是所敬祷(附呈抄件)。

附录电奏底稿　请于两国未议之先声明有关于我国及东三省事宜者须经我国允许方可施行由

附抄:承准军机处敬电奉旨钦遵,仰见圣虑周详,集思广益至意,钦服莫名。窃查此次日俄议和,不容第三国置喙。然我国与他国不同,凡有关于东三省者,自不能缄默。似宜于两国未议之先或开议之际由外部照会日本政府,意谓查宣战之始贵国曾布告欧美诸邦,系为保全东方和平、尊重我国主权起见。兹当议和之际,我国自未便参议其间。然条款中有关乎我国及东三省事宜者,纵贵国与俄已有成议,须经俄(我)国允许方可施行,特此预为声明云云。总之,此案应与日本直接,不宜托他国关说,致日本有所猜疑,有所藉口。谨将现在因应之法撮举大纲先行电奏,至详细办法及善后事宜,容奴才具折密陈,是否有当。乞代奏。枢。廿九日。

光绪三十一年六月十七日收奉电旨一件
(密件)前谕令各督抚筹议如何因应日俄和议办法张之洞日久尚未奏到着该督通筹一切即日电陈由

光绪三十一年六月十七日收奉电旨称:奉旨:前因日俄两国议和,谕令各督抚将中国如何因应及东三省善后应如何理办(办理)妥筹电奏。张之洞日久尚未奏到,着该督通筹一切机宜,即日电陈,以资采择。钦此。

光绪三十一年六月二十六日收驻美梁大臣函一件
（密件）请要求日政府将东三省管辖全权一概退还并报议和地点
已决定在华盛顿由

光绪三十一年六月二十六日收驻美国大臣梁诚函称：本月初八日肃布美字第七十号函，计荷堂鉴。日俄海战之后，美总统有意调和各节，经于四月二十日六十四号函陈报在案。上月之杪，总统连次接见日俄两使，又与德使面谈数次。至本月初六日电饬驻日、驻俄美使转达两国政府，备言美国愿为调停息战，其议和条款应由俄日自订，美国亦可为之介绍择地会议等语。电文殷殷以两国自议不许，须第三国干涉为词，盖恐别有牵制，致碍和局，尤不愿与闻其事，致启猜嫌。此美总统之用心，亦虑美人议其多事也。旋接日俄复电，均允言和。连日日俄两使频往白宫请见，动移暑刻，所谈之事均甚秘密。议和地方仍未择定，俄国欲在巴黎，而日本以俄法同盟必有暗助；日本欲在烟台，而俄国以国体所关不肯俯就。两国借地华盛顿之意，而美总统又虑为所牵涉，坚请另择，且以天气炎热议事不便为辞。俄人又欲就荷兰之海牙或瑞士之直奈瓦指定一处，刻仍未决。大约事关重大，固非朝夕可以成议也。以上各节，计馨吾、星垣两星使必已次第电闻矣。美总统不愿别国干预和议，实系德皇所授意。德皇以为开集公会调议和款，日俄两国未必受益，而东方大局已先受害，不如听由两国自行商议，如其有碍他国，再当出而理论，较为得计。论者谓德于山东正扩利权，颇虑公会加以限制，殊觉近理。美总统则虑列强集议或不能相尚，必及瓜分问题于中国，殊有窒碍，故亦以德皇所持为有裨大局也。总之，今日之事，东三省归还为第一要义。其如何归还之法，尤为要义中之要义。我能索还管辖全权，只由日本管现有之铁路，上也；除现有铁路外酌给商矿等利以酬日本之劳,次也;若仅得地主之虚名而授人以资治理之实事,则下矣。应请密电杨使,就近要求日本政府务得管辖全权一概归还,毋食宣战之昌言,毋蹈俄人之覆辙。诚一面密托美总统、外务部,如可为力从中主持以全大局,至东三省归还之后,应如何广开利益,万国同沾,似宜及早议定,预布各国,俾得为我助力。东三省全权既已收还,则此外各地更不虞狡焉之逞矣。是否有当,务乞代回邸堂列宪,主持采择施行,大局幸甚。附呈美总统调和电文译稿,即希一并代呈备核,不胜叩祷之至。正缮函间探闻日俄已定在华盛顿议和,日间即可各派全权,约西八九月可以会议一切。和款仍由两国自议,美国亦不允干预。除电达外,合并驰陈(附译件)。

照译美总统调和日俄战事电文称:本总统审度时势,以为日俄两国宜及时息战,故体好生之德,欲为两国调停也。敝国与贵国友谊久敦,实愿两国享和平之实益。两贵国干戈实阻碍万国文明之进步,故力劝大日本、大俄国言和,非独为两国之利,且为天下万国之利计也。本总统意欲两贵国自行开议,自择全权大臣,不用第三国干涉,设善法,罢干戈,永远和好。望两贵国立即定意,不可再延。若两贵国未便遽行开议,本总统亦愿为之介绍,为之发端,为之择地,使彼此得以面订。倘两贵国不欲别国帮助,尤本大总总(统)所切祷也。本总统实无他意,不过欲早罢干戈,保全生灵,免碍万国文明之进步云尔。

光绪三十一年七月初一日收驻日本杨大臣致丞参信一件
(密件)俄全权大使系主和党当不再决裂并述日议和后注重商业中国宜提倡公司以备抵御由

光绪三十一年七月初一日收驻日本杨大臣致丞参信称:昨肃

上第九十四号函，亮承鉴及。日俄和局现定西历八月十日开议，俄国前派议和全权大臣墨拉互约夫因事辞职，已改派前大藏大臣维脱往代其任。查维脱本主和党领袖，日人闻之极为满意，此次和议当易成就，或不至再行决裂。惟日俄和约议成之后，正东三省交涉开办之始，仰企硕画茂筹，必有独操胜算者，下风倾想，敬佩莫名。枢悉使瀛洲，自应于彼国举动默察其微，随事随时函陈裁核。乃才非专对，自惭所得无多，谨就近时密探彼国经营战后之方及对待中国之策，约略陈之。现闻日本战后经营以财政为一大宗旨，盖自开战以来海陆军需所费甚钜，前借内债五万万圆、外债四千万镑已全数支出，现又募集内债四万万圆，定本年十一月交齐。外债则英、美、德三国各认一千万镑，和议纵成，此款亦在所必借。盖以此款于战后添造战舰以扩海军，增练陆师以成劲旅，其防患未萌之微意亦可概见。至其对我政策，闻宪政、进步两党公议，谓东三省必还中国以践前言。窃意日本交还与否，必视我之能守与否。我固能守，彼亦断无不还之理。惟日本以血战经年争得之地交还中国，彼必索我相当之利益。所索利益，必在推广商务。考日本近年商务锐意整顿，历年所入岁增一倍，无非取自中国，而我亟宜有以抵御之。抵御之法，非广劝华商设立公司不可。盖公司既合群力以成，则资本愈厚而利权愈张。美国近拟创立全国商务总公司，此举若成，美将以商战制胜全球，故各国于此事均极注意。而中国商人所以不设公司者，固由商学未明，亦由保护不力。现值国家整顿商务之际，似应先请商部明定保护公司章程并筹鼓励公司方法，奏请诏旨，饬下实力施行，俾商情思奋，而商业日精，或亦挽回利权之一助也。专此奉布，统祈转回堂宪为叩，祇请均安。

光绪三十一年七月初九日收驻英张大臣致丞参信一件
（密件）嗣后俄人往谒达赖喇嘛应如何由库伦办事大臣婉言谢绝请酌核由

光绪三十一年七月初九日收驻英张大臣致丞参信称：本月十四日肃寄英字第一百十三号芜函，计达台鉴。本月二十四日承准大部转到枢敬电，内开：奉旨：日俄两国已有和意，闻〔有〕在华盛顿直接开议之说，中国现在应如何因应及将来接收东三省应如何善后办法，着该大臣等悉心筹画，各抒所见，密行电奏，以备采择。钦此。枢。敬。等因。查日俄和议尚无端倪，惟闻有西八月初间在美京开议之说。但日之需索者为何，俄之允让者为何，与夫各国之向背若何，现在外间毫无消息，似应暂为静候，俟有确闻再行悉心筹画，由电复奏。在京各国驻使曾否与大部谈及此事，其意云何，祈随时电示，俾广见闻。本月二十三日《泰晤士报》载该报北京访事人来信云：五月十二日俄新使璞科第行抵库伦，即往谒达赖喇嘛，并呈送俄皇馈遗礼物两箱，璞科第允于到京后代为设法。现达赖喇嘛仍托病逗遛该处，以待后效云云。又，该报二十五日载俄都访事人来信云：俄外部云，璞科第之往谒达赖喇嘛，不过通谒而已，非有意拂英人之好恶也云云。查各国交际通例，凡一国政府所不乐意之人，他国人之欲与往来者，必先请命于主国。然近来各国中从未见有以此为请者，盖知所请必难见允也。今达赖喇嘛以西藏事故羁留库伦，璞科第往谒，不知曾否请命于大部。若未请命，则大违通例矣。读俄外部所云，又仅言英国而不提中国，尤为不合。窃以近年以来，俄之外交诡诈百出，若任其与达赖喇嘛随便结纳，深恐日后另生枝节。该报所载虽不能即以为据，然事关边务，亦何可默不以闻，嗣后俄人之往谒该喇嘛者应如何饬由库伦办事大臣婉言谢绝之处，请大部酌核办理。此次所拨经费二万两业经收讫，已于十七日电达在案。以上各节，统乞回明堂宪裁夺，是所至祷。专此，敬请勋安。

光绪三十一年七月二十日收驻义许大臣致丞参信一件
支电声明要件已照会外部又疏陈因应事宜请回堂又请代备安折由

光绪三十一年七月二十日收驻义许大臣致丞参信称：五月十一日肃布义字第三十四号函，计呈堂鉴。二十四日承准军机处敬电奉旨垂询日俄直接议和现因应事宜，谨于二十五日电达钧署，请转呈军机处代奏在案。本月初五日奉到大部支电声明要件，当即翻法文照会义外部讫。窃揣此次两国议和条款必有牵涉东省事宜，论理自应与中国商定。然使有一国悍然不顾，直情径行，则两国必联为一气，人情难测，后患方长。日来辗转筹思，冀可稍争主权。且念此前此电奏尚有未达之意，本日谨缮折上陈。惟系遵旨密奏之件，未便具牍咨呈，谨钞底稿附函密达，伏乞回明堂宪是祷。肃泐敬请。敬再启者：呈递奏事折件，例应恭备安折，恳请饬备二分，随折封固，代递发下时仍希寄还为祷。渎神感谢。

附录奏稿　请派重臣使俄慰劳照会日本订定接收东三省条款并拟借美债续哈尔滨至旅顺之铁路由

附抄件：谨奏。为遵旨密陈日俄和议定后东省因应事宜恭折仰祈圣鉴事：窃臣于光绪三十一年五月二十四日承准军机处王大臣电开：奉旨：日俄两国已有和意，闻有在华盛顿直接开议之说，中国现在应如何因应及将来接收东三省应如何善后办法，着该大臣等悉心筹画，各抒所见，密行电奏，以备采夺。钦此。跪读之下，仰见圣谟广运、虚衷博访至意，曷胜钦感。臣谨于二十五日就管见所虑及者电达军机处王大臣，请代奏在案。惟是电文简略，于因应曲折未能悉达，兹谨为皇太后、皇上详晰陈之。窃维因应之宜在审察日俄两国之情，度其意所专注，而又就我力所能办以为对付之方，此非可以空言争也。东三省之事，其初不过中俄两国交涉，于日本无与也。乃日本始则中阻，继则协商，所商不遂，而出于战。今构兵两年，虽曰屡胜，然耗损军费、丧失将士已多，则其蓄念之久，将取偿于我东省者，不问可知。此日本之情也。俄人得东省于拳匪之乱，初议归我，自谓莫大之惠，乃因我牵于局外之阻梗激而背约，驯至用兵。在彼追思致祸之原势，且不自咎而咎我，则其无聊之极，不肯仍归我东省者，亦在意中。此俄之情也。今两国直接议和，将来和约定后必有出于我所不及料且为我所万不能认者。届时拒之则敌衅必开，从之则主权尽失。揆情度势，只有别遣使臣与两国另议接收东省之约。然非两国允将全军撤回，则接收之事仍属空言。臣昨电拟请简派智略重臣赴东婉商，盖为此也。张之洞素存长驾远驭之心，与日人联络有年。袁世凯前驻朝鲜最久，凡二十年来中日交涉之事均所亲历。此二臣者同为日本所推重，如特简一人赴东，以兵事既息慰劳存问为名，因与熟商次第撤兵之期，至全军撤尽为止。盖日军不尽撤则俄军不尽撤，虽与两国订接收东省之约，而强宾压主，动生衅隙，防不胜防，终非久长之策。日俄办法必应一律，拟请同时简派重臣使俄慰劳存问，其接收东省之约即照与日本订定条款办理，两无偏倚，度俄亦必允从。此臣熟筹现在因应及接收东三省之大略也。至于东省善后办法，窃谓今即与两国订定接收之约，度不过争回主权一二，必不能照战事未起以前地方情形办理。又，凡所设施，必先自量目前财力、兵力之所能及。臣现未亲履其地，不敢臆度上陈。惟念东省全局之关键，在于铁路之一端。此次两国议和，未知该路作何界划。窃意无论两国如何议定，其自哈尔滨至旅顺一千八百余里南北枝路，在我必应设法购回。此时筹集钜款不易，只能向美国暂借，以此路作为抵押，十年以内只付息款，十年以外本息并还，度美亦无不允。如此办法，似尚不至竭蹶。此虽善后之一事，而实关系主权之大纲。愚昧之见，不胜悾悾。再，臣钦奉谕旨，本应电陈，惟查日俄开议定于七月初旬，两国磋商极速，亦须半月二十余日方有成议。计臣奏到之日，尚在两国定议之前。此中因应曲折，较之电音所传究能详晰，故仍具折上陈。管蠡之见，是否有当，伏乞皇太后、皇上圣鉴训示。谨奏。

光绪三十一年七月二十三日收驻奥杨大臣信一件

（密件）日俄和款凡关于中国主权土地不宜稍一迁就或厚彼薄此至东三省焚毁村庄战后索偿亦名正言顺由

光绪三十一年七月二十三日收驻奥杨大臣信称：前上三十五号函，谅邀钧鉴。窃于五月二十四日承准军机处电传谕旨垂问日俄和议因应善后办法，当即以日俄和议其条款有关我主权、土地者应令两国政府先行知照，经我查实无碍方能开议；如有未经知照未得我国允许者，我即布告各国不认施行，请为调处，以保东方实在和局。此节应先布告各国，特为声明。东三省收还后，似宜照各直省一律治理。其应开作商埠之处，由我自行酌定章程，各国一律待遇，坚拒他国格外要求，以免将来别国后论而保我之主权。至东三省虽有划作战地，但居民财产仍为局外，若战国有特意焚毁村庄等事，应于战后照数索偿。此节亦应切实布告各国，请为公断。凡我主权所系，国誉所关，若稍迁就，后患不堪设想。况各国切盼和局，均愿持平调处，彼见我理直气壮保守主权，即是保全全局和平，当更乐为默助等情密电大部，乞为代奏在案。晟衔恩海外已逾一年，以在洋探访所得情形揆之目前中外时势，觉此次中国因应日俄政策尚有数端，不揣烦渎，敬为大部缕晰陈之。查此次日俄之战不但中国所受影响独多，即欧洲列强对于远东政策亦因之而大变。窥其注意所在，全视我之于两战国作何因应之计，以定其措施之方。如我此次坚持利权，措施无有偏倚，则各国谅必深愿默助中国，实保远东和平之局。万一中国过（遇）事迁就，或致偏重于一国，窃虑各国亦将各顾其东方利权而为意外之要求，而我之因应当棘手。晟默察各国情形，有见夫国力之未足以御列强者，大抵皆藉各国之公理、公力出而公断，以为抵制自保之计。故国虽小弱，介乎两大而权利不稍侵损者，所赖于各国公断之力居多也。今中国武备修明，虽非其比，但现在时局似尚非用武之时。设此次日俄言和，苟有侵我主权、土地之款，晟愚见惟有宣布各国请为公断。是我不发一兵，但以各国之公力而抵制两国之要求，彼将惕于公理而莫敢或逞欤？至于美国，前尝助我中立，今复为两战国调停和议，且美于各国之中实有真心主持东方和平之局，况日俄既在美京直接议和，则我之于美尤宜密示亲睦而为我之辅助。至若德国，实为当今全球最强之国，现正经营商务。彼虑日本之渐强而阻其商利也，隐生忌心。我若亦密与亲睦，默藉其力以抵制日本，则德亦未始不为我用。但运用之际，不宜显露痕迹，尤不宜稍许利益，致将来另生枝节。若由大部密授机宜于驻美德使臣妥为因应，则大局裨益良多。此所谓秘密外交不战而屈人之兵也。惟事机重大，相机而行，神而明之，存乎其人。至旅顺口一处，原系俄人租借中国之地，今日本以兵力取之于俄人之手，然地主之权仍属中国。今两国言和，未能容其相为授受,失我主权。所难者,此时我既未便诘问俄人,责其将地交还地主,而又未便听两国之为所欲为。计惟有默俟俄廷将来以此事如何知照前来,再作因应之方。如俄以旅顺一口原系租自中国,但现以他故不能如原约租借,应请将原约作废等语为词,则我即可径行布告各国,略谓旅顺本为中国租与俄人之地,今俄以他故既不能如约租用,又未能将该口岸交还地主,请将原约作废前来。究竟该处应如何办理之处,应请各国公断,以维东方实在和平之局。再由我授意各国办到将该处所有炮台战守等具全行除去,开作一大商埠,则此口虽为日本所据,而规模已变,可弭以后之争端,而我地主之权亦以长保。大约各国亦愿此事之如此办理,俾势均力敌而无偏胜也。至东三省开作商埠之后,其要义总在各国一律待遇,坚拒此国要求格外利益,以免彼国效尤,致生别端。其东清铁道亦宜改为万国公产,以维持和平大局,免致一国独操路权,后启争端。总之,此次日俄和款凡有关于中国主权、土地者,稍一迁就,后患正多,尤不宜厚彼薄此,致各国觊觎而生枝节。凡此情形,早在洞鉴之中矣。至东三省焚毁村庄战后索偿一节,名正言顺。惟此中事理颇属精微,以当世公法家之意准之,俄人悖理驻兵于局外之国之境,敌人击其驻兵之所而不必问其境之属于何国。故虽有伤毁,敌人尽可不任其咎。今日之事咎在俄人,我即以严词诘之,彼断不能强词卸责。但我于此不宜多费唇舌,而又不便隐忍不言,致妨国誉。则惟有觑机将此一节宣布各国请为公断,纵不能如愿以偿,亦使各国知我理直气壮,而不敢于我疆土之内惟所欲为也。是否有当,伏乞钧裁。

附录法文报　详论中国练兵进步及各国海军近事并日俄和议情形由

附抄译报：近日法报屡载黄险之说,其所注意盖指日本而忘中国，不知中国此时按新法整顿武备，将来兵渐强盛，必为远东大有权势之国。直督袁宫保倡办练兵，极有功于中国武备。中国之兵原分两种，一旗兵，一绿营兵。国家因此所费甚钜，而各省督抚多有藉此肥己者，其兵之额数究不知多寡。经此次切实整顿，其弊已除。此等新军分为大小营队，按照西法训练，所有十八省军务统归练兵处及兵部管理，直隶及湖北两省已首先开练。北洋练兵约共六万三千六十余名，炮一百九十八尊。去岁在河间府初次按西法操演，彼时兵丁约共二万三千一百名，炮共六十四尊。其起伏进退均由带兵官调动，步伍亦极整齐。闻今年定于六月中旬在保定府操演兵三万名，并准驻华西洋武官阅看，皇太后、皇上亦欲亲临大阅。于五月间已在北京南海子地方细加演习，以备大操。袁宫保甚注意于武备学堂，并加意培养武备人才，俾其有用，皇太后及练兵处均以其意为然。今年春，皇太后拨内帑在北京为旗人建造武备学堂一所。前在一千九百年时中国只有武备学堂三处，现在已有二十二处，中有武生约共三千三百六十六名。此外尚立韬略学堂、炮队学生（堂）、工程学堂、军乐学堂。以上各学堂约今秋可以竣工。至于军器，统归一律，均用七密力迈当口径新式快枪及七个森梯迈当口径大炮。中国前已购克鲁伯后膛炮，现在所用者即此，将来想尽行改用此炮。但未知仍到德国购买，抑或在本国自制。因此时中国军器局制造极精，非复昔比，汉阳、南京、江阴、福州、广东等处皆有制造厂也。

德国已将此次海军操演地方定出，从西七月十二号起至八月十号止。先在爱尔勒河口操演，继往北海之北，于行过他国口岸皆须停泊。后在德国近波罗提海之口曰唐其斯操毕，所有大铁甲均由基尔河驶入波罗提海，并经丹国海面驶回。又闻德国著名船厂伏尔铿拟在该处购地设厂，以便制造德廷新定一万六千噉及一万八千噉之大铁甲舰。

俄皇于西六月二十一号特命各大臣聚议通国设御之事，并命将陆军改良及议奏海陆军大臣之条陈折衷众议而定从违，以大公爵尼可来维次为议长，海陆军大臣及提督皆使与议。

据俄海部官报云，俄皇已特命海军提督次克弥图、巴索夫、阿富兰等考查新造一切军舰之法。

日俄议和日内并无进步，从前虽言及俄国有派驻法公使尼利多夫为全权大臣之说，现因外部大臣蓝姆斯道夫有疾，只得从缓。又闻俄官场人云，若俄果能在东三省获一胜仗，自可议和，否则必仍接战也。

瑞典京城西六月二十三号电称，该处人民因近日其王所宣之言及政府所施政策不洽人心，大为愤激，大约该王不久即将让位于其太子而重设新政府云。

光绪三十一年八月十三日收驻美梁大臣致丞参函一件
日俄和谈若何应付略陈意见由

光绪三十一年八月十三日收驻美梁大臣致丞参函称：本月二十日肃布美字第七十五号函，计期七月下旬可邀堂鉴。日俄议和由美总统指定纽含舍尔省波次茂士海军船坞作为会议地方，业经驰电奉闻在案。查该船坞在纽含舍尔省海口自成一岛，为美国北方海军重地，有三等海军提督驻理坞事，往来人船均由海军提督稽察，颇为严整，与此次秘密谈议实属相宜。不特局外诸人无从窥探，即报访事亦难于伺察。总统初议原允听从两国自议，不令第三国干涉，故择此僻静严密之区以践其言。所有两国专使人员寓所资用,均由美国国家及纽含舍尔等省担认,以尽地主之谊。昨已遣第三副外部丕儿士氏前往布置一切,并经总统与日使高平、俄使罗善分别商定接见办法。俟日俄两使抵境,不赴华盛顿(以总统及各部院均出外避暑之故),径往纽约候总统订期接晤。已派出炮舰两艘,分载两专使及随员人等至蔼士特啤(总统乡居)。总统另在兵舰分见两使,再为绍介相见,设宴款待。礼成之后,两国专使仍分乘兵舰前往波次茂士,互验全权,订期开议,由该坞海军官特派弁兵照料防护,俟和款议定后即往华盛顿签押。此美国布置一切之情形也。日本专使小村已抵纽约,俄使惠德已由法国起程,约一二日可到。连日报馆访事麇集日使之门,皆不能得实在消息。诚本欲驰赴纽约与小村一见,继闻其一切官场往还概行谢绝,深恐冒昧见屏,反资报馆谈柄,故不果往。道路传言,日本所索之款大约系兵费十万万圆,海参威(崴)拆卸守御,高丽由日管辖,旅顺铁路、在逃俄舰皆归日管,满洲交还中国,俄人永不得享满洲利益,割让萨加连海岛等条。美总统以其所索过奢,俄人不能照允,则和局不成,前功尽弃,而劝和原议有不令第三国干涉之语,又不便从中调劝,使之洽接,近日颇有进退维谷之象也。东三省交还一节,考察近势,参访众论,日人当不自食前言。惟东三省交还之时日本如何要索东三省,交还之外俄人如何应付,则关系甚大,祸患方长,似不能不预为筹度。窃谓欧美诸国于东方大局关切颇深,然其对我之感情,无非以保全疆土之言作均霑利益之计。万一事机急迫,除美国稍存公道外,皆不可恃以为援。俄人败衄方深,内乱四起,其政府急于示威以资镇压,或将移其后备之军队以攻我仓卒之不虞,据地索偿,实意中事。至若日本,则虽迫于宣战之言,不得不假行仁义,然或托词靖乱,驻兵辽沈,或筹溽利源,梦据林矿,以彼战胜之余烈,又何求而不可。我介居其间,左右支绌,势非联络此国抵拒彼国,将有不能终日之势矣。虽联盟者,平等国之利而不平等国之害也。以我今日财政未讲,兵事未精,路矿农工百未得当,以此而与人联盟,何异开门而揖盗耶?姑无论人之拒我也。然联盟之事虽不可行,而联盟之意不妨假借。窃以为宜遣谙习公法、熟悉日本情形之人,向彼政府及其政党相机游说,动以种族之情,晓以辅车之谊,又阴告以中国困难之状,不东连日本,必北结强俄,使其善自为谋,毋迫我以难许之条件,毋朘我未复之元气,且必明定办法,不令俄人侵扰中国境土。日本怵于利害,当必勉然就范。然后允将东三省行政事宜认真整顿,多练警察,以保治安,厚驻军兵,以固边圉。限定年期,开放全境,酌给林矿,以为酬报。果能如此办去(法),不但东三省有磐石之安,即蒙、新一带亦无骚扰之患。愚昧之见,是否有当,伏乞邸堂列宪指诲采择,见诸施行,是为至幸。诚一面以此意托此间通人发为论说,或登载报章,使日人稍知警悟,可有裨大局。顷闻日俄专使定初五日谒见总统,其谈判情形容密探电闻。汪参议十五日可抵金山,已照会外部转饬该处税关优待,并电饬驻檀领事派人护送前来,约二十前后当到华盛顿矣。知关厪注,并以附陈,统乞代回邸堂列宪鉴察是荷。

光绪三十一年八月十三日收驻法刘大臣致丞参函一件
详述与法外部面谈各事乞酌回堂宪由

光绪三十一年八月十三日收驻法刘大臣致丞参函称:前奉支电,声明日俄议和凡关涉我国而未经与我商定者我不承认等语,当经使宪备文照会法外部。去后旋准复称,文已收到,别无他语。日前谒晤法外部就谈此事,据称此层关系战国,我法无可置喙云云。

又与言滇路工员叠酿命案,若不妥筹防范,恐激怒愚民,有碍路工。据称当严饬查办,惟此次凶手在越南拿获,应在越审办,办后照例宣告,倘滇督欲解滇审讯,恐难办到云云。又与言越南之华侨身税屡商减免,久悬未办。现越属地方平靖,财力充裕,我国切盼速除此偏苛之政,以徵交谊。据称身税为进款大宗,关系甚大,现鲍督不日回法,当与别项财政事宜同时统筹核办云云。又与言闽厂"宝壁(璧)"轮船及杜业尔薪费一事,催速核结。据称"宝壁(璧)"系闽厂承造,而杜但经理工程,今云系杜私造,试问当时闽厂何未阻止?既未阻止,即是默允,岂能责杜认亏?况现已收回,即可作了,尤与杜无涉矣。至于杜之薪费,早经外务部允认,二事不能牵混。前已令吕使在京议结,未便在此再商,以至两歧云云。当于二月二日电陈大概,谅蒙鉴察。又与言我国民教事宜,似应会订专章以期久安。据称护教一事关系法国内政,现上议院正在核议教国分离问题,俟有端绪,当酌定护教办法,容届时再行商议云云。又称驻沪总领事巨籁达约西十月间回任,届时当可开议商约,惟裁厘一节恐生枝节,终办不到,殊为踌躇云云。当告以政府已决意办成此事。谈毕辞出。以上各节应否酌回堂宪之处,统希钧裁是祷。

光绪三十一年八月廿八日收驻美梁大臣函一件
函陈谒美总统询东三省办法由

　　光绪三十一年八月二十八日收驻美梁大臣函称:六月二十九日肃布美字第七十六号函,计邀堂鉴。日俄专使业于初五日谒见美总统,前往波次茂士地方开议和款。诚特于初八日驰往总统乡居请谒,探商一切,经将各情电达冰案。电文简略,恐未尽详,谨再陈明。初七日,诚函总统书记,请代订期私见。初八日晨接电话,坚邀即日往见，并在总统私宅晚饭。诚如期前往，总统接待殷勤。谈及日俄和局，总统谓细察两国情形，均系真心讲和，虽日本所索条款或似过甚，然彼此稍能迁就，则必可成议。诚询以东三省办法，总统云此事系日本主持，尤为美国所注意，现在和款未曾宣布，本不应预先泄漏，惟屡承贵大臣面托，当作私谈奉告。查日本宣战之始曾有归还满洲之说，天下共知。日使来见，余以谆谆以践言相属，当不至忽生变局。惟闻交还办法将由日本与中国自订，恐必藉口中国兵力未充，坚要留兵若干代为镇守，俟地方平靖，中国力足，然后撤退。诚告以中国现在练有新军，尽足弹压东三省地面，可毋庸外兵驻守，致滋纷扰。日本若藉故留兵，与俄国从前办法如出一辙，断非大局和平之福。应如何从中警醒日本，毋使固执，尚乞总统裁夺。总统云，中美邦交素笃，自应力为照料，随时相机讽劝，惟美国地位实不能强日本以所难，贵国政府当能原谅。至于地方善后事宜，贵国想已布置妥当，切实施行，俾得自固边陲，共维大局。

光绪三十一年九月廿三日收驻美国大臣梁诚函一件
（密件）论日俄和议将成我宜先发制人向俄索偿四款由

光绪三十一年九月二十三日收驻美国大臣梁诚函称：本月十八日肃布美字第七十七号函，计邀堂鉴。日俄和议雇人密探，业经遵办，并将连日谈判情形暨议定各款详细飞电，陈明在案。窃维东三省地方俄人既允退兵，日人亦允交还，惟旅大由日接租，铁路亦归日接管，海力、路权未能尽复。然将来与日订商，当可别筹抵制，未尝不较日俄开衅以前稍易措手。惟是俄人费数十年之经画，糜数万万之赀财，大欲未偿，遽遭败衄。财力固已交绌，国体亦即凌夷，内受民党之胁迫，外虑列国之揶揄，势必藉故要求，希图补救。

予之则欲壑难填，拒之则争端易起。以诚愚见，与其坐待横逆之来，因应或嫌不及，不如先作制人之举，祸患或可稍纾。查历年中俄交涉不止一端，而曲直是非最为显著者厥有三端。一、旅顺、大连湾租约原约第三款，租地限期自画定此约起二十五年为限，今俄人并未商允我国，遽将旅大转租日本，将来二十五〔年〕限满，我国欲将租地收回，俄国势不能再向日本代我追索。二、东三省铁路公司原合同第十二条，自该国公司路成开车之日起，以八十年为限，限满之日所有铁路及铁路一切产业全归中国政府，毋庸给价。又，从开行之日起三十六年，中国政府有权可给价收回。路成开车之日，由公司缴呈中国政府库平银五百万两。又，续订枝路合同章程，按照光绪二十二年中国政府与华俄银行所定合同第十二条价买及归还期限章程办理。铁路既系中俄合股，营业公司由我颁给关防，又有价买归还之约，而俄人未经商准我国，擅将枝路让给日本，所有股本如何归结，价买归还如何办理，均应俄人负其责任。三、战累公私产业之损害。东三省以我根本之地枉罹兵燹之苦，凡居室、田园、农业、商业蹂躏失坏，所值不赀。而钱粮租税无从征收，国课正供亦多亏短。此次原因俄人愆期撤兵致有战事，则一切损害应惟俄人是问。以上三事，在我有可以索偿之理，在俄无可以狡脱之方。我不先发制人，人将起而图我。若必待彼开端然后藉为应付，事机先后，势力迥殊，自应先行切实备文追索。拟请将旅大租约限满不能交还应索赔偿作为一件，将东省枝路到期不能价买归还应索赔偿作为一件，东省铁路造成应缴银五百万两催令补交并计利息作为一件，东省公私产业进项被损应索赔偿作为一件，统共四件，各备照会缮写妥当，于日俄和款画押完竣之日即行送交驻京俄使。届时和款已定，事理昭著，自不容俄人置辩，亦不虞大局牵连。诚正在筹画,拟电钧部酌办。适伯唐参议抵馆,与之商榷,以为先事制人实为要着。近两日日本于偿款、割地二事已经退让,和款画押旦夕可定,深恐事机坐失,致多掣䍀。故于本日先行电请邸堂列宪俯念大局,允准照行。仍专函陈明一切,即希代回是荷。肃此密布。

光绪三十一年十月初五日收驻日本杨大臣函一件

函陈日俄和约第三款中国应抱定此法与之持议铁路驻兵一节若能买回全路则保护之权在我否则难办到由

光绪三十一年十月初五日收驻日本国大臣杨枢文称:窃照本大臣于光绪三十一年九月二十日准日本外务大臣将日俄和约全文照会前来,除约中最关紧要之处已经择尤电达外,相应将全约译成汉文,连同日文原本咨呈贵部,谨请察照备案(附呈原约一本、译件一册)。

附译日俄和约 全文十五款并第三款及第九款附加事项由 (八页)

附抄照译日俄和约:日本国皇帝陛下及俄国皇帝陛下为订定和约,俾两国及其臣民重修平和,共享幸福,日本皇帝陛下特简外务大臣小村寿太郎、驻美公使高平小五郎,俄国皇帝陛下特简伍翼德、驻美头等公使罗渐为全权大臣,彼此较(校)阅所奉委任状,认明均属妥善,会同议定各条款,开列于左:

第一款 日本国皇帝陛下与俄国皇帝之间及两国并两国臣民自兹以往仍敦和好。

第二款 俄国政府认明日本国在韩国境内一切政治上、经济上、军务上皆占优异之利益,凡日本在韩国所有应施指导、保护、监督之方法,俄国概不得阻碍干预。惟俄国臣民在韩国者,应与他国臣民之在韩国者一体优待。

彼此两国为杜绝将来纷纭之端,于俄韩国境之间并不设施一切兵备,以保俄韩领土静谧。

第三款　日本国及俄国互相约明事项如左:

一、照本约附加条款第一项所定辽东半岛租借权并其效力所及之地域以外,凡在满洲境内之日俄军队同时撤退。

二、除前记地域之外,凡满洲地方不论现经日本或俄国军队所占领及监理之处,举满洲全境悉行归还清国自治。

俄国政府声明,在满洲地方无一切领土上利益或先前约定或专属等类让与致侵清国主权或有违公平之事。

第四款　日俄两国约明,如清国为欲经营商工事业将满洲与各国通商,彼此均不得阻碍。

第五款　俄国政府以清国政府承认将旅顺口、大连湾及附近土地暨海面所有租借权及该租借权所关之一切权利、特权并让与等悉行转交日本国政府。至该租借权并其效力所及之地域内所有一切公共营造及财产等项悉数交与日本。

彼此两国约明,照前记所定可得清国政府应允。

惟俄国臣民在该地域内之财产权,日本政府仍保重之。

第六款　俄国政府将宽城子迄旅顺口之铁路及其一切枝路并所属一切权利、特权、财产至该地方铁路所经营之一切炭矿不受补偿亦以清国政府之承认应行转交与日本政府。

彼此两国约明,照前记所定可得清国政府应允。

第七款　日俄两国在满洲均得将自己之铁路经营约明,惟以供商工业者为限,断不因军略起见。

此种限制,如辽东半岛租借权并其效力所及各地域之铁路则不在此例。

第八款　日俄两政府宜速订另约,将满洲铁路事业联络,以保交通转运之便。

第九款　俄国政府将萨哈嗹岛南部及其附近一切岛屿并该地方一切公共营造及财产永远让与日本政府。该地域之北方境界以北纬五十度为定,所有画界事宜应遵照本约附加条款之第二项为准。日俄两国于萨哈嗹岛及其附近岛屿之各自领地内并不筑造堡垒及与此相仿之军事工作,彼此意见相同。复约明宗谷海峡及鞑靼海峡彼此有自由通航权,均不设军略设加妨碍。

第十款　居于割让地内之俄国臣民,如将其产业变卖退归本国者,听其自便。但该俄国臣民如欲居住该让与地内之时,则须遵照日本法律,服从管辖,可得安居乐业,保有财产。然日本国遇有不遵约束及犯法自弃之住民,或撤回前记居住之权,或勒令驱逐出境,日本国自有此权,惟该住民之财产则仍保重之。

第十一款　俄国应许日本臣民在阿哥士克海及白令海俄领沿岸一带之渔业权应与日本国协同商定。

此项约议与俄国及外国臣民在该处既得之权利无所窒碍,彼此同意。

第十二款　日俄通商航海条约前因失和作废,兹约明嗣后当以前约为本另行新订通商航海条约。惟未定以前,彼此皆照最优待之国相待,所有出入关税、吨税及彼此官民船舶并入国待遇等件悉亦照此办理。

第十三款　本条约实施之后,速将一切俘虏互相交还,日俄两国政府各派特别委员一人承受俘虏。此国政府应将所收之一切俘虏交与彼国之特别委员或奉派之公使,该委员或该公使即行受领。所有交收事宜应由此国预先通知彼国受领委员,于此国出入妥便之地施行。

日本政府及俄国政府将俘虏交收清楚之后,速将自俘虏捕获及投降之日起至交还之日止彼此各将其所需实费开列计算。该计算书互换后,俄国即将该实费对除之外,将余数归还日本。

第十四款　本条约应由日本国皇帝陛下及俄国皇帝陛下从速批准。自盖印之日起于十五日以内,各经法国驻东京公使及美国驻圣彼得堡大使通知日俄政府。自通知完毕之日起,本条约即系确定。至于正式互换,应从速在华盛顿施行。

第十五款　本条约各以英法文缮写两通,签名盖印为凭。各文意本系一律,设有解释互异之时,则以法文为据。

日本明治三十八年九月五日

俄国一千九百五年八月廿三日

照本条约第三款及第九款所定附加事项如左:

一、日俄两政府互约,自讲和条约实施后,同时将其在满洲境内之军队自前哨起逐渐撤退。自和约实施之日起以十八个月以内为限,两国军队于辽东半岛租借地以外之满洲境内悉数撤清。

彼此两国于满洲各得置守备兵以保护自己铁路。

惟该守备兵数每千米突不得过十五名。日俄两军司令官就前记额数以内,视实在所必需守备兵数,彼此合意,务以少数为定。

在满洲日俄两军司令官应遵前例商定撤兵细目,务期从速。无论如何,均不得逾十八个月之限,彼此商明切实方法办理。

二、彼此两国应派同数人员以为划界委员,自本条约实施后从速赴萨哈嗹岛,将日俄彼此领地划定境界,以垂永远。该委员应勘定地势,要以北纬五十度为界。如地点之中于该纬度稍有偏倚,则于他地妥为填补。该委员应将该让与地域境界绘图,详载附近岛屿,签名为据。惟该委员行事须经两国政府承认。

　　以上附加条款与本条约批准后一律施行。

关于日俄议和条款案

厅/司		科		类共计	件		编	
总事由								

关于日俄议和条款案

光绪卅一年六月驻日大臣函报日派议和专使,驻英大臣函陈和议成否于东方大局雅有关系各情,七月驻日大臣密述大隈重信对于和议之谈话,八月驻日大臣函报日索和款十二条中有俄决拒绝者日则要索甚坚,驻美大臣函报接晤日俄两使探访和局情形,驻奥大臣报日俄外交情形,驻日大臣报日本国民以此次和款大辱战胜国激动公愤又陈日不得志于俄将取偿于我并译述和款条文,九月驻奥大臣函陈日俄三款并译述各报又函称和议可望不至决裂,十月驻日大臣译送和约全文,十二月驻美大臣详陈议和情形并报和约已画押及译述其全文由。

年	月	日	收	发	某机关文	事 由	原件	
							字	号
光绪卅一	五	二十三	收		驻日大臣杨枢函	日俄胜负之分显然愈明美总统出而调和日有允诺复文至议和地点及所拟和款谨就所闻先以奉闻由		
光绪卅一	六	十六	收		驻日大臣杨枢函	函报日派议和专使及副使并小村谈话各节由		

（续表）

年	月	日	收	发	某机关文	事　由	原件字	号
		二十四	收		驻英大臣张德彝函	和议成否于东方大局雅有关系除紧要新闻当时电达外官报所载亦当随时函详由		
	七	初九	收		驻日杨大臣致丞参函	密述日本大隈重信对于议和关于中国之谈话并述汪参议抵横滨已赴美洲又闻美总统之女公子将游北京各情由		
	八	初二	收		驻日大臣杨枢函	日索俄和款十二条中有俄决拒绝者日则要索甚坚由		
		十三	收		驻美大臣梁诚致丞参函	接晤日俄两使探访和局情形由附件二件		
		十七	收		驻奥杨大臣函	日俄和议外交情形及英德积嫌由		
					附录译报	各国报纸论中国不可侮及此次宜副中国之要求由		
		二十一	收		驻日杨大臣致丞参函	日本国民以此次和款大辱战胜国激动公愤由		
		三十	收		驻日杨大臣函	日不得志于俄将取偿于我我宜预防由		

（续表）

年	月	日	收	发	某机关文	事　由	原件	
							字	号
					附译报载日俄和款	共十五条附款二条由		
					附译条约	日俄休战条约共五条由		
	九	初九	收		驻奥杨大臣函	函陈新任奥使品学并日俄三款由		
					附录译报	载俄国内乱及各处论中国对于日俄和议情形由		
		十六	收		驻奥杨大臣函	日俄和议彼此均迁就可望不至决裂惟东清铁路宜化作万国公股由		
					附译德奥报章	论中国练兵进步及日俄议和情形由		
					附译法报	俄皇颁布立宪谕旨由		
					附录再函一	日允将索款稍为末减由		
					附录再函二	复得专电谓和议已有端倪并德奥各报论日俄和议情形由		
	十	初五	收		驻日大臣杨枢函	日俄和约译成汉文送请查照由		

年	月	日	收	发	某机关文	事　　由	原件	
							字	号
		十五	收		驻美大臣梁诚函	详陈日俄议和时情形日竟允将赔款一节罢议由		
		二十	收		俄国公使璞科第函	俄与日所定约本英文尚未接到不能抄送由		
	十二	十七	收		驻美大臣梁诚函	日俄和约巳画押其接租旅大移让铁路分驻卫队等事与我实有关系万难一一照允由		
					附译日俄和约	全文共十五款追加附款二款由		

　　光绪三十一年五月二十三日收驻日本杨大臣枢函①称：前肃上第八十六、七、八号三函，皆言日俄对马海峡战事。溯自开战以来已经一载有余，其间将卒之死伤、饷项之糜费，盖不知凡几，加以此次海战胜负之分显然愈明，欧美各国料日俄皆有厌兵之意，以为战局终结时机已至。美国总统因是出而调处，近日行文日俄两国，劝其息兵议和。闻日政府已有允诺覆文，惟止欲两交战国直接交涉，不愿他国干预其间。俄政府允否尚无所闻。至议和之地，有谓宜在东京，有谓宜在华盛顿，有谓应在东三省者，不晓确否。日本进步党得有愿和消息，乃大开会议，拟出和款六条：一、割桦太岛。一、改海参崴为自由口岸。一、领东海滨渔权。一、占东清铁道。一、俄在东三省所得利权悉归日本。一、赔款二十万万圆。凡此诸款虽非出自日本政府之意，然该党势力颇大，将来开议时其大纲谅亦所差不远也。除电达外，肃此奉布。

光绪三十一年六月十六日收驻日本杨大臣函一件
（密件）函报日派议和专使及副使并小村谈话各节由

　　光绪三十一年六月二十六日收驻日本国大臣杨枢函称：上月廿九日寄呈第九十一号函，计登签室。昨日西刻，小村邀枢至外务省，告以顷奉朝命派渠为议和专使，以驻美日本公使高平小五郎副之。并称前因俄人经营满洲，有碍中国主权，我日本顾念辅车唇齿之义，出而与俄理论。再三磋商，未获首肯，遂至失和。计自启衅以来已历一载有半，所幸海陆各军连战皆捷，克奏肤功。近日美国

---

①　本件未拟标题与摘要。

总统劝令两交战国共戢干戈,请派员议和。俄政府一经接电,当即答复,并声明须由日俄直接自议,不容第三国置喙,始行派员会议,亦经美总统许可,故未便独许中国与议。但将来日俄开议时有关于中国利害者,自当随时与中国政府直接相商。本大臣已将此节电嘱内田转达贵国政府,尚希贵公使再为转告。总之,我国欲保东方和平之初心决不稍改,请勿猜疑,是为至祷等语。枢当即摘要电达左右,计已登览。第因电文简略,故再详陈。小村外部曾允(充)驻北京公使,其人何如,早在洞鉴之中。此次晤谈,察其言论,尚属和平,并无桀骜嚣张之气。枢窃料此次日俄两国虽派员往议,然能成与否尚未可必。俄人素性狡诈,或因海陆挫败内乱将起,始从美总统之请,阳许修和,暂为遏乱之谋,而阴复秣马,徐图制胜之策,亦未可知。我国仍宜严守中立,未可以一国之败遂生蔑视之心,亦未可因一国之胜遽怀左袒之见,致两国日后各有所藉口也。是否有当,尚祈垂察。再,小村订于本月初七日开行,随带办理公使佐藤爱麿、外务省政务局长山座圆次郎、外务省一等书记官安峰达三郎、外务大臣秘书官本多熊太郎、外务大臣秘书官小西孝太郎。枢约同比、英、美、德、法国公使于初六日与伊等祖饯。谨此附陈,统祈转回堂宪为叩。

光绪三十一年六月二十四日收驻英张大臣函一件

(密件)和议成否于东方大局雅有关系除紧要新闻当时电达外官报所载亦当随时函详由

光绪三十一年六月二十四日收驻英国大臣张德彝函称:五月初七日肃寄英字第一百十二号芜函,计邀荩察。俄日战争为日已久,欧美各国以有碍商务,又恐牵动大局,久有调停之意,而未逢其会。上年七月二十五日,俄军退出辽阳,十一月二十六日交出旅顺,本年二月初五日日军进驻奉天。俄军每次败挫,各大报即昌言和议。维时各国政府知俄之波罗的海舰队正在东行,俄之君臣期望甚奢,不便以和说进,各报主和之议遂未见诸实事。自上月二十四日俄舰队败没于对马岛,俄之海权无法挽回,加以各处内乱,美总统因思此时若进言和议,或不至拒而不纳,遂于本月初六日致书日俄两国政府,请两国自行派员会议,不由他国居间调停。其如此措词者,以日本曾谓此次战争既系日俄两国,他日言和外人亦不得预闻。日盖防德法两国与俄通同一气,复行一千八百九十五年要挟日人退出辽东之故智。然日之敢为是言者,恃有英之联约耳。现在美总统之请已经两战国允可,业于本月初八日电达大部。至议员应派何人、会议应在何处,正在商酌。或云日派伊藤侯,俄派驻法公使呐礼多夫在法京会议,日以法乃俄之联邦,不愿允从。或云拟派两国统兵大帅,即在满洲开议,或云拟在天津或烟台等处会商,或云议员在荷兰京城或华盛顿开议,其说纷纷,莫衷一是。要之,两国既允美总统之请,则第二层办法即系简派议员、择定议所。纵使幸而定妥,日之要索若何,俄之愿从与否,尚属茫茫。故就目下情形而论,和局能否有成,实属无从逆料。但此事于我东方大局雅有关系,除紧要新闻当时电达外,其余若官报所载可采之议,亦当随时函详。惟是官报所登虽较他报为可据,然子虚乌有之谈亦所不免,往往今日一辞,明日又一辞。若一见新闻,不待询访即率行入告,未免徒乱人意。嗣后呈报和局新闻,自应慎益加慎也。以上各节,统祈代回堂宪,是所感祷。

光绪三十一年七月初九日收驻日本杨大臣致丞参信一件
（密件）又汪参议二十五日抵横滨准二十八日赴美并闻美总统之
女公子有游历北京之说请饬驻吕宋领事探报由

　　光绪三十一年七月初九日收驻日本杨大臣致丞参信称：敬密陈者，自日俄遣使议和以来，日本报纸众说纷纭，阅者几莫衷一是。然两国议和宗旨必有定见，俄廷主义此间固不得闻，即日本政府所拟条款亦难确探。考彼国于外交要件，向采宪政、进步两党公论，再由内阁会集各部大臣议决，进呈制为训条，其条约大纲总不出两党所拟。查宪政党领袖侯爵西园寺公望与枢素不相识，而进步党领袖伯爵大隈重信，枢于十数年前随使日本时即与交往，前年奉命东来，重联旧好，益相亲密。枢因于昨日亲诣伯爵邸中，密探日本政府索俄和款及对我政策。伯爵人极慷爽，智远用闳。据称：此次议和未易成就，盖敝国非特为中国索还满洲，且不准俄人于五十年内侵占蒙古土地。此层须载在条约，以保东方永远和平之局。故敝国总理大臣桂太郎于小村濒行时再三谆嘱，谓俄人不允此款，宁与罢议。惟中国与日本交谊尤宜格外亲密，藉杜外人觊觎。乃贵国以此次和约中遇有关东三省之事必经中国允许等因照会各国，似有不能见信敝国之意，敝国政府颇滋疑窦。其实中日两国何事不可商量，一经外人干涉，非特于事无益，其患将有不可胜言等语。枢告以敝国此项照会惟恐俄国以所强占东三省之利益漫许贵国，致使贵国或受其诬，故不得不照会俄国以遏其萌。然既照会俄国，即不得不照会贵国，既已照会两国，便不得不照会各国，其实毫无别意。伯爵闻之欣然，谓贵国既如此用意，敝国遂无所疑虑。然东方大局岌岌可危，列强环伺，非中日两国并力抵制，不足以资保全。细考各国大势，除英美主义素趋平和外，俄国新败，固不足畏，即法国亦无足深惧,其可谓可惧者,莫如德国。德在山东经营不已,诚为可虑,尤不可不加意防御。然日本经此次战后,财力更窘。纵使俄人肯赔兵费,亦非十年不能恢复元气,故与英国续订十年同盟之约。窃意此十年中,各国或不至于东方遽启争端,惟望贵国趁此十年内锐意改良。改良之法,莫善于立宪,敝国其近譬也。然一国有一国之风俗,必因势而利导之,其效始速。犹英之法不能施之于日本,即日本之法不能施之于中国。中国苟欲立宪,宜先就固有之法斟酌而损益之,使民智易开,则议成于下,行成于上,富强可以立致,东方大局安于磐石矣。近闻俄国亦拟改用宪法,然俄人仅一二士族知有公德,等而下之便不知公德为何物,惟求自利其身,全无国家思想。吾恐俄即立宪,其效总在数十年之后间。尝调查贵国风俗,虽乡僻愚氓颇知任侠,即此为公德之本根,改用宪法似当较易于俄。敝国自维新以来垂三十年,幸有今日者,亦赖国民之知有公德耳。国民之知有公德,皆得诸汉学居多,是贵国旧学实为我国公德之权舆。故我国民之稍有知识者深望贵国与我勠力同心,锐意富强,矧在吾侪益深企祷等语。枢与之握谈半日,察其词气和平,其议论亦多中肯。谨译其意,密陈左右,恳祈转回堂宪,或不无刍荛之可采也。专肃叩均安,惟照不一。

再肃者:伯唐参议于本月二十五日行抵横滨,因所乘邮船略有耽搁,暂驻褡帷,于二十八日启节,乘坐原船径赴美洲,敬以奉闻。再,美国大总统之女公子及陆军大臣塔夫特暨少将、佐、尉等官并议院员绅六十二人前来日本游历,于本月二十三日行抵东京,日本政府及官绅士庶异常欢迎。今晚乘火车往西京游览名胜,濒行时商民各执旗灯恭送行旌,同时会集于车站者以万计,亦藉以表两国交谊格外亲密之意。闻美总统之女有至中国北京游历之说,现尚未定,拟由香港先赴小吕宋,俟至小吕宋后再定行止。请饬驻扎小吕宋领事官随时探报。谨此附陈,专肃再叩。

光绪卅一年八月初二日收驻日本大臣杨枢函一件
(密件)日索俄和款十二条中有俄决拒绝者日则要索甚坚由

光绪三十一年八月初二日收驻日本大臣杨枢函称:敬密陈者,俄日议和已经旬日,所议条款秘不得闻,各报所登尤多臆说。窃维此次和议所关于中国者甚多,盖以俄虽战败,其所失地仅桦太一隅,余则本非所有,失之亦无大害。独我中国则需先事探知,方能预为筹备。故枢自日俄开议以来随时密访,惟日本政府秘而不宣,颇难探悉。复于政党中设法咨询,始得大略,未必确然,或不至全无影响。谨将消息之最近者略陈之。查日本索俄和款约十二条:一、俄国须承认日本在韩国有优越权。二、俄国撤退满洲兵队。三、日本亦撤满洲兵队。四、开放满洲门户。五、俄割桦太岛让与日本。六、俄在辽东半岛之租借权让与日本。七、哈尔宾(滨)以南之铁道让与日本。八、自哈尔宾(滨)至浦盐斯德①之铁道军事上彼此不得使用。九、赔偿兵费。十、凡在中立港所抑留之俄国军舰悉让与日本。十一、俄在极东之海军须加限制。十二、自浦盐斯德至白林海峡之渔业权让与日本。以上十二条,据闻除第五、第九、第十、第十一条尚未决定外,其余皆已议成,其未定各条则决意拒绝。日则要索甚坚,倘相持不下,或至决裂,亦未可知。敝处近日所闻如此,容探续陈。尚祈转回堂宪。

---

① 浦盐斯德,即海参崴的日文名称,为俄名符拉迪沃斯托克的音译。

光绪三十一年八月十三日收驻美梁大臣致丞参函一件
接晤日俄两使探访和局情形由

　　光绪三十一年八月十三日收驻美梁大臣诚致丞参函称：本月初八日肃布美字第七十三号函，计邀堂鉴。前晤日使高平，探讯日俄和局各节，业经撮要于初四日电陈，已荷赐察。侦探一节现正酌议，俟有眉目当另行电达。伯唐参议七月中旬可以抵美，再与面商一切也。前电简略，日使谈词未及缕述，兹特专函补陈，用备参考。日使高平派兼议约专使，虽和款办法须候小村到美奉有日皇训条始能拟定，而其大概宗旨则早已规画妥当。诚与晤谈，婉转探听。初犹含混其词，继乃微露端绪，谓东三省问题外间议论纷如，我政府宗旨实未改变，将来和款必将归还中国一条载入，切实声明。惟如何归还详细条目则不便与俄商订，应由日本与中国另行详议。诚询以东三省归还中国事甚简易，只要日本撤退军队，声明不许俄兵阑入，一面由中国派员接收战域地面，所有善后事宜责成地方官经理，何以必须中日两国另议？高平谓东三省归还一事颇为重要，固非详议不可。且辽东半岛曾经中国割让，后又租借俄人，此次宜酌定办法。又，清俄铁路为俄人攘夺满洲所滥觞，日本势必占据，各国亦多注意。惟路在中国境上，且有中国股本在内，亦应另议处置，闻俄人有交万国公管之议等语。诚细译高平所言，虽甚简少，而宗旨所在已可概见。揣度俄国情形，必不能再窥东三省利益，亦必不愿日人多得利益。德法诸国尤不甘任日人独占利益，盖日本慑于各国，亦不敢昌言自揽利益，故此次和款于东三省归我一层不得不专条声明。然日本以无数之生命钱财委之我国疆土之内，非有特别利益，势必不餍所欲。而况辽东半岛、清俄铁路实擅形势，尤所垂涎。彼以为与俄议订，彼此牵持，必难如愿；与我议订，有挟而求，可操胜利。此其所为避难就易，只于和款声明大旨，而仍与我另行详议也。昨奉钧电布告各国，凡日俄两国和款如有关涉我国利益未经商准我国者概不承认，业经遵照转达美、墨、秘、古各政府，应俟得复再行录呈。邸堂列宪智烛先几，患防未著，实足以保主权而戢诡计，曷胜佩仰。有此声明，则日本固不敢于东三省之内过肆贪求，俄人亦不敢于东三省之外别生觊觎。惟是将来与日订议归还办法必多棘手，似宜及早筹商应付之法。一俟日俄和款停当之后，即须遣派专使前往议订，仍布告各国，俾张公论，并力托友邦隐为助力。日人鉴于甲午之失，或不至同室操戈，自伤唇齿。至于东三省善后办法，当以得人为主。卢总统忠告之言，经于正月二十二日美字第六十二号附陈，谅蒙省览矣。前日俄使喀希尼卸任赴欧，诚往俄馆送行，谈及和事。俄使谓日本愿望甚奢，必欲于东方独探高权，东三省之前途不可不亟为注意云，其言似非无因。所有晤接日俄两使探访和局情形，谨再陈布，即乞代回邸堂列宪鉴核为荷。

附录再启　美外部大臣之丧已遵电致唁旋接覆文致谢由

敬再启者：前以美外部海大臣之丧，祗奉邸堂钧电致唁，当经备文照会美政府，并于前函复陈在案。兹接署外部爱地文，请将感谢之意代陈钧听，合将来文译汉附呈，统乞代回为叩。再肃（附译件）。

附录美外部覆文　谢唁海大臣之丧由

照译美署外部大臣爱地来文（一千九百五年七月八日，光绪三十一年六月初六日）：为照会事：本部前准贵大臣本月二日来文，传述庆亲王殿下电文，于前大臣海氏之丧表示悼意，即希贵大臣将我政府感荷垂注之情代达殿下，至以为幸。来文附叙贵大臣哀挽温词，尤本署大臣所感谢不已也。为此照会。须至照会者。

光绪三十一年八月十七日收驻奥杨大臣函一件

日俄和议外交情形及英德积嫌由

光绪三十一年八月十七日收驻奥杨大臣函称：前寄三十七号函，计呈钧鉴。俄派议和大臣威脱近已由法起程赴美，开议之期当不远矣。惟昨接电传，略谓俄民三万人联名电请俄皇于此次议和切勿稍为迁就，如日本索款有损俄之国誉，俄民仍愿主战等语，情词恳切。俄皇以决不迁就以保国誉答之。查俄日启衅之初，以至于今，民间一意主和，仅以二三廷臣坚执隐谋，酿成战祸。迨此时和议有望，而民情忽变前辙。私意揣度，大抵出自俄人外交政策，盖以题前着笔，讽示日人，免得临议有过（遇）事要索之处也。再，俄皇近与德皇晤会，密谭良久。两皇此次约会，想为瑞典、瑙威分治之事起见，而外间则见俄德交欢，情迹显著。际此将和未和之时，国际运动具有如此精妙用意，殊足令人佩服也。英德嫌隙日深，近探得英人本年海军大操拟在相近德国海面举行，而德人因此又衔其耀武于境上，大生訾议。交恶之迹，日益昭著。窃恐英德交际将更为难也。探访所得，谨以报闻（附译报一册）。

附录译报　各国报纸论中国不可侮及此次宜副中国之要求由（六页）

照录京官报：据中国有权位之外交家言，外间传说中国此次布告系由俄人主使等语，实属子虚。中国自日俄开仗以来，严守中立，诸凡为难，久为天下所共知。乃值战务将了之时，反有谓中国暗袒二战之一国①者，亦可笑矣。中国实为谨守中立至终不懈者

---

① 二战之一国，似为"二战国之一"之误。

也,其此番举动,全系自己主见,并非由俄国及他国指使,而此举亦并无碍和局。如议和之国能于开议之时将所议关系中国权利之处先行告知,不但和议易定,且可免将来之意见。

奥京官报云:中国因日俄议和而有布告之举,此事并无足异。如中国明知日俄此次议和关系其国权利而袖手不言,则是自弃其主权。况中国曾声明自保其权利,即以保万国之权利,则凡关系其权利之所在无所亏损,和议方得着实。非然者,中国将来不得已而出于声辩,则和议必至因此掣动,而远东太平之局亦将迁延。如是则中国此举实为保持和局免生异议起见,非仅为保该国权利,而实保万国权利。此中国所以请日俄于议和之先而将此节转为声明也。

奥京半官报云:有著名外交家前以俄人久占满洲实于大局危险,曾请各国及时调停,以防未然。乃各国疏忽于此,致有此一场恶战。今见中国布告文而言曰,各国于中国此次布告岂可再误而不担其责任哉?使前者各国以俄国应遵照与中国所定条约及时退兵,则不致有此次之恶战,非但有益于二战国,并且大利于全球而免万国商业之亏折。如各国再不及时求副中国之望以蹈前辙,将来必至有大为难也。

伦敦电称:有洞达东亚情形者谓,中国边境现有陆军一营由日本将官及中国曾在日本陆军学校毕业者管带,该军倘遇战事定获奇功。查近四年以来,中国陆军多用日本员弁训练,照新式操演,渐得日本韬略。且迩来中国世家大族亦多喜学武备,昔日重文轻武之风盖自此绝矣。

奥京《自由报》刊载奥国某外交官论说云:西人尝谓东亚各国不如西人之精明,故遇事辄用霸力,此大误也。夫西人只知自己之教为善而不知东亚教化最古,且性情骄傲,最易得罪东亚。故此次俄败于日,东亚人心皆喜。将来议和条款固须与日本有益,仍须与东亚他国无损,是为最善。日本既不肯损害中国利益,故绝不许俄国割据中国疆土以助其赔日本之款。将来俄人必须退出满洲,不准独占该处铁路利益,须作为各国公业。将来议和之(不)难于日本索取俄国重款,而难于所索各款与日本、中国均有利益。即不然,亦须与中国无害,方能永保东亚太平。昔俄、德、法之不许日本取辽东,非有益于中国,实有害于中国。故此次议和,日本恐他国作难,不敢重索。至旅顺口将来局面,或日本以为曾以兵力攻取,不还中国,或日本以为该处究系中国地面,仍交中国,但不许筑造炮台,盖交还一层为各国所甚愿也。中国利益在满洲、铁路、旅顺口三层,倘日本能将此三层妥为办理,则善矣。盖日本之议和总须不损中国利益,则太平可以长享,工艺、商务可以振兴矣。

俄京电称:俄国欧连柏个省某县之教师等代该处居〔民〕三万八千口电求俄皇,此次议和勿失体面等语。当奉御批,凡有失体面及与俄国不相宜之议和条款,朕断不为,民等可依赖朕躬也。

奥京日报云:中国广土众民而不能与列强争胜,且听诸国任意索取,此其故由于画地自限数百年未与他国交通,致令他国互相激励,日强一日。惟中国不然,故他国轻肆蔑视,一若中国可以任彼所为者。岂知中国此时大为振作,迥非昔比。试举二事观之可见矣。一、俄日议和,中国严行布告,凡未经中国应许者不得霸占中国疆土。二、美国拟不许华民入界,中国即拟不许美货入口。中国之举动,较前大异。昔视欧人如野蛮,而徒取笑于外人者,今无其事矣。且中国现不言其所欲为,只言其所能为,虽目下极力维新尚未能美备,然已有端倪矣。观近来铁路之修,实为政府办理商务之要着。皇太后巡幸尚乘火车,则其他可知矣。现封疆大吏皆极力讲求维新,直隶〔总〕督袁宫保其领袖也。近上维新条陈十款,已邀俞旨。闻政府欲俟日俄和后即派大员前往欧西各国学习各项政治矣。

纽约电称:日俄议和一事,中国以俄人占据满洲,民受害,拟索赔款一千兆圆。又,日本驻纽约参赞萨图①对二三报馆主笔者亦云,此次俄人用满洲为战场,须借款赔偿云。

日京电称:海参崴已被日人围困,所以当日本运兵登岸攻取萨哈林岛之时,俄舰困在口内无从出而拦阻。并闻海参崴口内战舰上所有之巨炮均经移置炮台,俄在高丽境内之兵亦以日军前进,退向图们江去矣。

纽约电称:日人此次所索并未折辱俄人,惟索兵费五千兆佛郎,及将萨哈林岛与东省铁路至哈尔滨为止归日本并将满洲交还中国而已。

光绪三十一年八月廿一日收驻日本杨大臣致丞参函一件
(密件)日本国民以此次和款大辱战胜国激动公愤由

光绪三十一年八月二十一日收驻日本杨大臣致丞参函称:日俄和局现已议定大纲:一、韩国境内两国俱不设军备。一、两国均撤满洲兵。一、东清铁道让与日本。一、俄在辽东半岛之租借权让与日本。一、桦太南部割归日本,桦太全境两国俱不设军备。一、补送日本俘虏收养费。一、两国共有浦盐斯德至白林海渔业权。以上各条,两全权已协议妥定,只候两国政府批准便可停战,

---

① 萨图,应为佐藤(Sato)之音译。

惟日本国民以此次和约赔款既一无所得,桦太又不全归日本,大辱战胜国体,且桦太北半部仍为俄有,则桦太南半部日本虽得,亦如未得。群情汹汹,合全国志士奏请日皇将现议和约全行作废,并加议和专使及阁部大臣以辱国之罪。奏上数日,未奉批准。国民遂激发公愤,于昨日午后联合同志五万余人开会议事。政府豫派警兵防阻,国民反抗,烧毁警察驻所,拆坏内务大臣官舍,并欲谋刺各大臣以泄义愤。东京人心惶惶,各官署均用警兵防护,尚不知若何结局。以上情形,除电达外,合再详布,统祈转回堂宪为叩。

光绪三十一年八月卅日收驻日本杨大臣函一件
(密件)日不得志于俄将取偿于我事事皆宜预防由

光绪三十一年八月三十日收驻日本杨大臣函称:日俄和款大纲前已函陈,亮登荃察。现所订和约犹未经两国君主批准,故详细条款仍未宣布,仅见各新闻纸揭载和款十五条并附款两条,与枢前探各款略有不同。惟东西报张所载如一,或不至全属子虚。另纸译录,谨呈钧览。查大隈伯前谓此次议和日本非特欲为中国索还满洲,且不准俄人于五十年内侵占蒙古土地。又,总理大臣桂太郎宣告国民演说亦有令俄人将在满洲所得权利悉行让出交还中国等语。乃此次报载各条绝无是说,殊属可疑,必俟两国政府批准全约宣布后方能定其确否。独是日本此次所订和约所以十分退让者,其故有二:一以美国居间调停,阴为各国代表,设再决裂,便恐他国干预,别生枝节。一以国内兵力、财力均不足与久持,此亦不得已之隐情。故虽全国士民异常激烈,反抗和议,其政府不为摇动,已于昨晚起两军停止战争。然日本此次和约固非国民所愿,亦非政府始料所及。说者谓日既得之于俄者无多,其全国奢望未能餍铗,或将以不得于俄者取偿于我。窃意日本或不出此,然其国民已有主此议者,是不可不预为筹画,以便临时因应。查和款中有开放满洲及留兵保护铁路两条,与中国极有关系。枢谓接收东三省后原无不开放之理,特开放之权自宜由我先发,断不可让他国干预。至日俄两国各留兵保护铁路一条,其拟留兵数分计之不见其多,总核之已各逾万众。似宜于接收东三省时商令裁减,最好能由我派兵代为保护,然此层恐做不到。他如路矿权利在在轇轕,即事事皆宜预防。鄙俚之见,无当万一,谨述近闻,仰祈荩核,并乞转回堂宪为叩(附译报)。

附译报载日俄和款　共十五条附款二条由

照译新报揭载日俄和款呈浏览:

第一条　日俄两国及两国臣民相约再立平和友谊。

第二条　俄国于政治上、军事上、经济上俱承认日本在韩国有优异利益。凡遇有不得已时,日本必须开导或保护或管理韩国,既经韩国允许,俄国不加阻止。惟在韩国之俄国人民及工业等项应与外国同享利益。

第三条　日俄两国之兵同时退出满洲,所有私人及公司已有之权利不得稍损。

第四条　俄国租借旅顺口、大连湾及附近土地暨海面之权利悉予日本,惟俄国人民及该处之财产及权利务须保护尊重。

第五条　倘中国开放满洲通商,日俄两国彼此担任,不加阻挠,两国平等相待,不得偏重。

第六条　满洲铁道即在长春停车场①宽城子分割,此两段铁

---

① "停车场"即日文火车站之意。

道只许供商业之用。俄国之一段,凡中国条约已得有煤矿以供铁道之用。并约定日俄两国于铁道上均得任便自由。

第七条 宽城子两段铁道日俄两国承认设法联络。

第八条 两段铁道以保全贸易为主,遇有障碍须设法相通。

第九条 俄国将桦太岛南部让与日本,以北纬第五十度为止。两国在宗谷海峡及鞑靼海峡可任意行船。

第十条 在桦太岛南部之俄国人民亟宜声明,凡在该处之俄国人民仍可居留,不必更换国籍,惟干犯背逆者日本可逐其出境。

第十一条 俄国在日本海面所领之阿枯粗海至白林海渔权让与日人。此款另议协约。

第十二条 日俄两国战前所订之通商条约仍照旧遵行,两国均照最优之国相待。

第十三条 战时俘虏互相交换,惟须补换收养费,两国各开送实数。

第十四条 此条约用英法两国文字,日本以英文为正本,俄国以法文为正本。

第十五条 此次和约自画押之日起限五十日由两国君主批准互换,批准时由驻东京法国公使宣告日本,由驻俄京美国公使宣告俄国。

附款二条

第一条 日俄两国在满洲之兵自此次和约画押之日始限十八个月全数撤完。其撤兵之法,从第一哨撤起至两国撤兵之后各留兵守护铁道,但每一克罗美路程(约中国三百余丈远)各不得逾十五名。

第二条 桦太岛南北两部地界由日俄两国派员会勘。

附译条约　日俄休战条约共五条由

又译日俄休战条约附录于后：

第一条　满洲全部战斗中止。

第二条　本议定书共交换后各示图面，以日俄两军第一线之中间为离隔地带。

第三条　日俄两军无论如何不许入离开地带。

第四条　自双庙子至沙河之道路为两军共用之道路。

第五条　本条件于东历九月十六日即俄历九月初五日确实施行。

光绪三十一年九月初九日收驻奥杨大臣信一件
函陈新任奥使品学并日俄议和三款由

光绪三十一年九月初九日收驻奥杨大臣信称：前寄第三十八号函，计呈钧鉴。奥使齐幹满任，另派现驻卜拉西利亚公使库金士奇为驻华公使，当经先后电报大部在案。查新任奥使库金士奇，现年五十三岁，由奥京东方学堂（即今之外交学堂）学生出身，历在驻扎埃及总领事署、波斯使署、孟天尼葛洛使署当差，并任本国外部司员，再充驻卜拉西利亚总领事随员，并任驻罗曼尼亚副领事，复任外部司员，一千八百九十五年升驻孟天尼葛洛三等公使，一千八百九十九年升驻卜拉西利亚二等公使，现调驻华公使。闻其为人笃行好学，待人和蔼，但晟尚未与彼认识，俟将来与之接谭，细察其品梗①如何，再行报闻。再，兹探得日俄议和一节拟有三款：一、俄国应允韩国归日本保护，并允日本在韩享各项利益，以后韩国

————————

① 品梗，疑为"品格"之误。

各事俄国不得干预,所有韩国贵族日本应一律优待,该国政事日本有劝导、帮助、设法改良之权。二、俄日两国皆应将兵退出满洲地方,所有现享利权益均须一律交出,并须共认中国疆土及其主权,嗣后各国工商皆可到该处贸易。三、日俄两国允将东清铁路自哈尔滨以南者交还中国,中国应如何赔补日本修理该路之处,应由中国日本自行商办。倘中国无款可筹,他国可声明代中国垫办,以路为质等语。俟再探有紧要消息,当再分别函电报呈鉴核。

附录译报　载俄国内乱及各处论中国对于日俄和议情形由（九页）

附译报

哇德萨(俄海口)电报称:俄国铁甲"波台基奴"之水兵因饮食太粗,不堪果腹,特公举水兵某转达管带。管带以其多事,遂用手枪击毙。于是诸水手大哗,各入军器房将枪刀抢掠一空,自管带以至武弁皆被杀害,惟相机附和之武员得免于难。该水兵等既经肇乱,即将俄国国旗①,另升红旗一面,将被枪击毙之水兵尸首置于岸上,声言如将该尸抢去,立即开炮攻击该口。所有口内之商轮数艘均被焚毁,岸上乱民又从而附和之,将近岸一带栈房、火药局及大商号均毁无孑遗。盖以俄廷近方勒人民从军开赴远东战地,该民等以为远征无还,不如助该水兵之力,或可借此以邀幸免。孰意俄廷得此警报后,即饬黑海军舰副水师提督克利固速统兵舰前往该口办理,如该水兵等竟敢抗拒,即将该舰轰去。及至该口,该水兵等见寡不敌众,自知力不能敌,遂束手归降。闻俄廷拟作三等办法,一将为首之人枪毙,二将少年者监禁数年罚作苦工,三将年

---

① 旗字下当有脱漏。

老者永远监禁。

俄京电称：现在俄京及近畿一带均以征兵赴远东为苦，群起思乱，京内寻出炸炮甚多，并俄皇所居之宫周围均有乱党所埋炸炮云。

远东电称：停战之举已由日本大元帅大山就近与俄帅连尼维趋商议，甚有进步云。

现闻日俄二国政府已知照美总统，该二国拟于西八月一号前令其议和大臣到美京聚会。并闻该大臣既会面后将定一避暑之处开议一切，大约在美国密欠斯脱海滨云。日本议和大臣为今外务卿小村寿太郎，拟即动身赴美，约八月初旬开议，一俟将草约议毕，即由二国大臣各请本国君主批准。俄廷所派大臣为今驻义国公使莫哈维也夫。并闻驻华公使璞科第曾告知各国北京公使，渠已蒙俄皇派赴华盛顿议和。璞之政策与前俄使雷萨尔相同，夙不以俄人在满洲所行为是。

上海英国巨商七十人递公呈于英外部大臣拉斯顿谓：中国不遵马凯所定条约，节节作难，以致商务大受其害。如矿务、税则、行船、钱法等类，各处地方官均行反对。如钱法中国曾允改为一律，至今并未举行，且任各省各开市面，以至商务暗受亏折。矿律并未订定，以至富商挟有巨款不敢轻于尝试。至于税则，照商约第八条，经各国允许之外，本不得另加丝毫，今则较未立约以前更甚。而内河行船尤属不便，地方官动生阻力刁难，形状几难笔述。务请贵大臣向中国严诘，令其遵照马凯条约办理。如不遵照，非用强不为功也。

丹国京城电称：德水师提督科士得统带"德皇威廉第二""威提尔士把哈""起林根""梅克莲柏""士铁廷"及"德皇威廉第一"各兵舰并鱼雷、快船各二艘驶往丹京外港停泊。该船到时，丹国水师提督亲王瓦尔德玛统带之练船及炮台各处均施放号炮。是日两国提督互相拜会,科士得及副提督包的讯并随员人等往谒该处海部、外部各大臣,随于下午觐见丹王及太子等。是晚,德国驻丹使臣在使馆筵宴该两国水师各员。丹王赏科士得以头等宝星。

法京电称:俄户部大臣威脱与法户部大臣尔路威尔会晤叙谈五刻之久,后即一人觐见法民主,亦叙谈四刻之久。盖威脱与尔路威尔所谈者以筹款为主,现俄国必须借法款赔偿日本,此次会晤即预为借款之地。法京某报论该两大臣此次所论系议和之事,俄与法有联盟之好,若得法国解围,自不致失体面而损利益,至于目下及将来应需款项亦行议及。两政府深欲和好不绝,现已载诸盟书。嗣后两国遇有危急,定必互相帮助,可见其友谊从此益笃矣。

又:

前署中日公使奥国伯爵西博德致晟私函论日俄事云:日俄将定和局,各国皆甚住(注)意,然各国预料皆不相同。日本知其详细,固不待言,若美国则仅知其梗概。其余各国所料日本索取各条,大致亦有相同者,兹特录之于下:

一、东三省交还中国。

二、辽东半岛附与日本,或将是地及旅顺口作为日本租地。

三、萨哈林附与日本。

四、韩国归日本保护。

五、满洲铁路交付日本,代中国管理。

盖日本索取之要款,系欲将满洲铁路及俄国在中国境内利权一并交付中国政府,中国即付价与日本,作为俄偿日本之款。嗣后该铁路等项即作为中国产业。至于所值若干,则不得而知。惟本日某新闻云,此节中国必不允许,因其曾经布告各国,凡未经商准中国政府各件不得按照办理。且中国已向俄国索取赔款,以赔补地面之损伤。此外并有一最动听之消息,言俄国全权大臣威脱拟一赔款特别之策而免俄国担此赔偿兵费之名,将赔款一项作为恤赏名目以赏日本受伤官兵及阵亡者之家属。凡俄国受伤官兵及阵亡者之家属,俄政府亦一律自行议恤。此节理或有之,而本爵前对贵大臣言者亦与此节相似,即俄人欲将赔款一项作为赔补日本接待被擒俄国官兵及医伤之费名目,想贵大臣今犹记忆也。

法京电称:自威脱有赴美之行,法国外交家即深望和局之速定。缘日本于议和一节事甚为秘密,其中要领人尚不知,惟俄国意见微有所闻,故其将来局面尚可逆料。观其迩来情形,一若日本所索不奢,俄国即可俯就和议。但俄国主战人数日增,而该外交家皆未信其终能复战。至俄国承认赔偿兵费与否,则视日本所索之多少以为衡。惟传闻日本议和大臣于开议之先必要求威脱数款,及威脱赴美并非膺全权大臣之命,不过特为探听日本索取之意起见,此皆为外交家所未信。若谓两国全权大臣非急于议和者,殊令人可疑也。

奥京官报云:俄大臣威脱赴法专为借款一节,在法国诚可倚赖,但未与法政府定有合同耳。或其曾与该处银行等商订,亦未可知。观其与法民主及首相谈论情殷,亦可见两国交谊之厚焉。

英京电称:日本萨图(译音)①者,该国全权大臣孔目腊士(译音)②之参赞也。该参赞昨对某报馆主笔者云,目下和局实有端倪,俄大臣威脱现已奉全权之命,专办议和。刻闻日本索取条款为数甚钜,或问之,曰日本所索各条自始至终不能减乎? 该参赞笑而

---

① 萨图,即佐藤(Sato)爱麿,日本驻墨西哥公使,参加了朴茨茅斯会议。
② 孔目腊士,即小村(Komurai)寿太郎。

答曰,自两国失和以来我国军需每日约费一兆元,盖凡索取赔款者不能不较曾用之费有盈无绌耳。

俄京电称:东方和局现已渐有端倪,而俄廷各员之主战者较前略增。目下将军林尼威世部下人等较在满洲未战之先枯鲁巴金部下多十五万人,其将弁等皆不以议和为然,各部院亦表同情。

东京电称:日俄开仗以来,综计水军阵亡人数共二千零八人,受伤者共一千六百六十五人。

德京电称:有著名外交家论本日和局开议情形云,近观日俄开议之始,不能谓其将来无效也。盖两国全权大臣会晤,皆有深愿和好之心,缘目下两国政府皆急于主和,并授意于该大臣等务须竭力成此和局。惟开议伊始日本索取必重,俄国恐未照允,和局或因此而缓。彼时两战国必请美民主及各国君主调停。盖索取太重,俄国力所不及,实于和局有碍。在日本必无此心,不过索所当索,想俄国亦必俯允也。

坡自牟次电称:本日俄国全权大臣威脱对某报馆主笔云,本大臣深欲殚心竭力以成此和局,惟其要端仍在日本政府。将来若无成效,本大臣不任其咎也。

横滨电称:华商禁止与美贸易,现已推至驻日本之华商,现该处商人等已不用美船载货至香港,并立会公议,务须协力同心,固结团体。惟目下东京人心不平者,系因德报载有此次华商之举动皆因日人煽惑所致,实德人欲从中取利也。

英京电称:中国政府拟向日俄二国索取赔款一节,虽未见诸明文,而外交各员皆已逆料及之。缘中国政府曾电致驻扎各国使臣,命其于日俄议和一事各抒己见,以备采择,谅其中必有条陈索取赔款一节者。故凡精于交涉之人皆知此事为北京政府必为之事,即外行者亦不以此节为异也。中国有此举动,各国皆不能不以为然。盖日俄失和以来,即假东三省为用武之地。夫地方虽可假借,居民不能忍受损伤。目下东省人民遭此涂炭,则赔款一节似不可少。至于能否照办,此刻尚难定夺。惟以万国公法论,则中国为最有理也。

光绪三十一年九月十六日收驻奥杨大臣信一件
(密件)日俄和议彼此均迁就可望不至决裂惟东清铁路宜化作万国公股由

光绪三十一年九月十六日收驻奥杨大臣信称:前上第三十九号函,谅蒙垂鉴。日俄和议尚无的实消息,而报章纷载俄人坚拒赔款、割地二事,和议大约难成云云。此间官场中人亦惴惴然,恐至决裂,战将无已时。晟密为探访,揣夺驻奥公使语意,审察两战国内情,窃以为和局似属可望。查俄皇本意,无论日军如何强盛,断不能长驱直入,侵临内地,以俄人之财之力以与日本相持,终操胜券。嗣以内乱滋甚,人心涣散,不得不从主和党员之请。当美总统出而调停之时,日本政府曾经切问是否俄国实愿言和,其所派议和大臣是否确有商议赔款、割地之权,如果无此两项,则日本不必简派议和大臣等语。维时虽未知美廷如何转问俄人、如何答覆,而两国既已简使开议,则当时答覆之言可想而知。况威脱为人素号和平,实为主和党员领袖。此番受命议和,虽无十全权力,亦断不肯虚此一行,致负初心。其各报所载彼之愤激之言、坚执之论,亦议和大臣应有之语,不能以此遂料其果于决裂也。至俄皇为人固无刚断,但内乱情形日益加剧,其主战党员之权力亦以渐蹙,若和款能于俄国名誉无甚伤损,自必乐观其成。闻日本深明此意,颇有迁就之说。赔款一层,免用赔偿兵费名目。割地一节,系指萨哈林岛而言。该岛原属日本,商务颇盛,乾嘉年间俄人至此,渐肆侵占,至咸丰年已据该岛之北半边,屡起交涉。及光绪元年,俄人以外交狡黠手段与日本立战约,攘取全岛。日人内愤,无日不思恢复,今果以兵力取之,则索所应索,俄人亦无强辩。若俄以为国誉所系,坚持不允,或将各据其半,以为定局。以晟之愚窃窥,两国皆有切于言和互相迁就之意,各报之危言悚论不足听也。晟又密从旁面窥探日使之意,和局定后日人必以东三省完全退还,此似可信。但将来如何退还,详细节目日必与我直接商办。我宜力任担保地方绥靖,责令全退,不稍顾忌,以免或有变局。其东清铁路若能招集本国净股购还全路,是为至妙。如一时力有不逮,则宜力持化作万国公股,我认保护,总使路权毫无偏重,始能杜绝将来争端。现当我国武备整顿有方,欧西各国佩服之情溢于言表,必信我之力足保卫而乐就范围也。是否有当,伏乞裁酌。

附译德奥报文　论中国练兵进步及日俄议和情形由(五页)

附译报

德京报称:日俄议和一节,中国政府请与共议。俄国已允,日本不从,并声明此次议和凡关中国各节皆代中国办理,故中国复有索取赔款一千兆圆之举。查两国自肇衅以来已十八阅月矣,东省人民遭此涂炭,中国索取亦不为过。惟中国向以弱称,现非大加整顿不足自强。昔中国李傅相曾上维新条陈,仍以旧学为本,继其后者为袁督、张香帅。三大臣皆知中国积弱由于兵力之不足,禁兵一千五百人不过专守皇城。中国入关时,满蒙汉旗兵共十五万人,继而分派驻防各要省及蒙古等处。该兵等与该兵等之衣服器械均系旧式,此项兵丁断不能与新练者比。袁宫保乃发奋为雄,悉心考查，仿照西式训练兵丁，并授以新式器械。迨其升任直督，尤殚心力以期兵制之改良，并屡条陈政府及分咨各直省封疆大吏，云国家要务首在练兵。嗣于光绪二十七年八月间即奉有改设常备、续备、巡警各军，各督抚务须认真训练，遇有紧急以备调遣之上谕。后袁宫保即请张香帅为助。近闻北京及各直省均有废弓矢及旧号衣，并选八旗及驻防兵丁改练洋操，延日本兵官为教习之说。昔袁宫保在山东时仿照德式练兵，已尽得其韬略。日本兵官接续其后，定能率由旧章。盖日本操演与德无异，而日本尤为利便，且语言较易通晓，薪金又廉。目下兵队之在直隶省者共有六万三千人，大炮三百九十八座。此项兵丁均用二分一口径快枪、二寸二分五口径炮，均能照式训练，操演纯熟。三十年在河间府举行，调兵二万三千名、大炮六十八座，操演两阵交攻式，尽得德兵操法。是年又调炮队三万人在济南府复行大阅，极见功效。以上兵丁半归袁宫保部下，半归马军门镇守关外。北京练兵处于兵制改良一事多方筹画，故训练精而成功速。惟练兵贵先练将，各大吏皆知，故现在国家力除重文轻武之绪习，专讲练将。光绪六年时中国武备学堂不过三处，今则添至二十二处，学习武备人员共有三千三百六十六人之众，并设立军略、炮学、制造各学堂，且练习军乐，皆仿照德国章程。此足征中国之新军将来定有进步也。

坡自牟次电称：日俄议和第六款云，俄国允将辽东半岛及旅顺、大连湾等处一并让与日本作为租界。又，某款称日俄两国不得伤中国疆土及主权，并云满洲地方各国可以前往贸易。又，第七款称东清铁路一节两国已于本日辩论。俄员以铁路为华俄银行产业，日员驳之曰俄人筑此路不过专为调兵运械之用。

奥京官报称：各国倡议维新会一节，定于西九月十九至二十三号在瑞士国路存地方举行,以该国大臣孔目德斯为首领。现有在该国京城挂号愿入会者共有五百人,中以美国人为最多。其一切大略章程如下:一、德法联和。二、讲求权利竞争。三、定外交公廷律例。四、定水陆各处中立之地。五、声明第二次在荷兰国京城会议之缘由。六、商订各普通教育及各国互相聘请教习、选派学生游历各章程。

奥京《自由报》据法京电称:日俄议和一节,日本人员于此事虽极秘密,然人已知其众人一心矣。惟俄员则大有不然。自开议以来,该国人员彼此妒忌,故全权大臣威脱禁止众言,凡事独断独行。所有随员人等终日无事,只看书阅报,甚至有游戏者。威脱并不问计于伊等,凡有会晤,只与议和大臣驻美公使尔露仙及参赞三人同往,其余各员概不与闻,而威脱亦不示知。有时调该员等到会议公所,亦只候于客厅,必俟传问方许入座,甚至候至散堂,未经传问而返。故人皆称威脱一人独成大事。初,俄国为美国所恶,自威脱抵美,皆大改其意见,遇有俄事,美报皆褒之。盖威脱善于作为,能得人心,而日本于人心一节则迥不如前。目下美国人无论贵贱皆爱敬威脱,惟俄人不喜之耳。

法国晨报云:本馆访事在坡自牟次曾见俄使威脱,脱云,现已与日使小村商定数款,其目如下:

一、俄国认日本在高丽有保护之权。

二、日俄两国均认退出满洲。

三、俟日俄退出满洲,即将满洲交还中国,其条款亦即订定。

四、辽东半岛租于日本。

六(五)、旅顺口、大连湾以及附近各岛均让租于日本。

其余各款现尚未定。

附译法报　俄皇颁发立宪谕旨由

谨将法报载登俄皇颁发立宪谕旨译呈钧览：

俄国之建立，全恃君民同心，坚固不摇，是以数百年以来力雄魄厚，御患捍敌，张我国权，保我自主，乐我民生。而此后工业、学术之发达，莫不恃此一心团结之力。一千九百零三年二月二十六号朕曾声明，凡我国民皆宜和衷共济，上下一心，以便整理内政。并经明谕将与国民选举之权，俾得与政府同心办事，祛异见而救积弊。在我祖时盖已念及此矣，今者时运既至，自应将此意见施诸实行。凡有政府订律、筹款等政，国人皆得参预。除旧存法律外，特令设立议院一所，名曰杜马，所有国内事宜，该院均得建议。惟是俄国幅员既广，习俗不同，除芬兰因国政另行措施外，余着遵行。朕已饬令户部大臣行知照办。所有五十省议员，至迟于一千九百零六年正月举定。至该议院详细章程，且暂置议。如有国计民生应行损益之处，临时自当酌改。深望被举各员各自尊重，无负民之信托，无负朕令参预政府、整顿国是之至意，各尽心力，联成一气，上以保祖国太平强大之基，以保万民安乐茂盛之业。朕惟祷诸上帝，佑护我俄数百年之基业，离目目[①]之厄运而复光大其业焉。

附录再函　日允将索款稍为核减由

敬再肃者：顷得电传消息，谓日本议和大臣参赞对美总统言，俄全权如能通融和商，日亦愿将索款稍为核减。共十二条：一、韩国归日本保护。二、两国兵队同时退出满洲。三、旅顺口、大连湾及辽东半岛让租日本。四、限十八个月将东三省交还中国。五、萨哈林岛付与日本。六、日本在旅顺、大连湾所得船坞及水陆工程物

---

① 目目，疑为"目下"之误。

料均归日本,不偿分文。七、西伯利亚至哈尔滨之铁路付与日本。八、自哈尔滨至海参崴之铁路仍属俄国。九、俄国认赔日本兵费。十、俄国船只之在中立口岸者一并交出。十一、亚洲洋面不许俄国战船驶入,只许巡船数艘,并有一定限制数目。十二、西伯利亚海滨日本有取鱼之权等语。请以附闻。

附录再函　复得专电谓和议已有端倪并德奥各报论日俄和议情形由

敬再肃者:正封函间,复得专电,谓和议已有端倪:一、俄已允给款项,惟不用赔偿兵费字样。一、萨哈林岛由日俄分据,日据其南,俄据其北。一、东清铁路作为万国公业云云。此信若确,则办法于俄国国誉无损,足证两国均肯迁就,为通融议结之计也。再,闻俄人力求整顿,现已定议立宪,谨将法报所载俄皇谕旨另纸译呈钧览。

英京电称:俄国如不认偿兵费,则日使于议和一事不能为力。威脱曾问日使赔偿兵费是否要款,日本可否不取现银,以萨哈林岛代之。小村答曰,一萨哈林岛不足以偿我国兵费。威脱云,凡日本索取各款有伤损俄国者,俄国万不能允。小村云,但能赔足我国兵费,我国只取萨哈林岛之半。按此实出人意料之外,俄人闻之,殊觉诧异。但日本索取之银俄国竟却,衅之复起,在所不免,故美总统闻之大为不平。继而思之,尚不致无法挽回也。

奥京官报云:有洞达时务者与各国外交家谈论英君出游一节,谓人云,英君会晤德皇乃不期而遇,殊不足信。因其道经德界不见德皇,人必有以侮慢讥之者。英君凤重外交,谅不至此。

坡自牟次电称:日俄议和一节,两国已于西八月将所拟各条互相阅视,其俄国未经允许者如下:

一、第五款所开萨哈林岛旧属日本，现又由日本兵力攻取，理应归还日本。俄国驳之曰，一千八百五十年以前，何以贵国并不争论萨哈林岛为贵国之地？及至一千八百七十五年，又自失权利，将该岛作为俄国属地，两国立约有案。似此不应割与日本。

一、第九款所开日俄交战系由俄国首先开衅，日本不过用兵自防，而又屡战屡胜，俄国应赔日本兵费。俄国驳之曰，日本并未夺得俄国疆土，此等兵费向不能偿，碍难允许。即昔拿破仑之占据木司哥时，俄国亦未尝赔偿兵费。

一、第十款所开俄国将中立各口船只交出一节，俄国以为有违公法。又，日本欲减少俄国水师兵力在远东一节，俄国亦严词驳之，并愿声明永远不惊动远东日本水师。

德报云：日本索取俄国各款，意在使其不能恢复，而两国主和执政人员此刻尚未十分浃洽，故仍有预备续战之说。日本筹画之深，愿者莫过于限制远东俄国水师兵力，因如此可免俄人报复。其索东三省交还中国，亦此意也。前报载有两国允将东三省交还中国，并将所有一切现享利益亦一律交出，未知确否，惟此节与中东和约其属符合。总之，日本索取此节，非但为伊边防起见，实欲见好中国以笼络人心，盖东京政府久存此意也。俄国外交各家及各报皆谓俄国并非有意割据东三省，此实掩饰之词。昔俄国曾袭施瓦地方，英廷诘问，俄答以不过代其整顿一切，后即为其所并。今日俄国之于东三省亦无非此意。假使从前俄人听从日本在韩国占取利益，则日本亦必不禁俄人之占东三省。故自俄开衅，日本方有代中国保守疆土、争夺利权之说。嗣后该政府又屡于公文声明其意。一千九百零四年二月间日本照复中国文称，此次战务日本断不占中国疆土，且尽力保中国不受伤损。故日本现索东三省交还中国一节,正与前意相符。盖俄国既失旅顺、大连湾险要之处,则俄国未必不允此条。东清铁路自哈尔滨起亦应一律交出,其赔补该铁路之策亦易商议。至日欲将东三省作为万国商埠一节,非但见好中国,亦且遂各国之愿。从此不但东省获益,即各直省亦易保护矣。昔有倡瓜分之妄说者,英德两政府驳之,而众论犹不息。盖自经此战,各国断不动中国疆土,则黄种可保也。人料日本索款之最要者系韩国归日本保护一条,次则租辽东半岛及减少远东俄国水师兵力以使俄国不能报复,惟索取太重,难免俄国再行决裂耳。

光绪卅一年十月初五收驻日本国大臣函
日俄和约译成汉文本送请查照由

光绪三十一年十月初五日收驻日本国大臣杨枢函称:前陈第一百零九号函,亮尘荃察。日俄和约已经两国政府批准,昨日宣布,即准日本外务大臣将全约条款照会前来,枢遂摘约中最关紧要者电陈荃核。兹将全约译成汉文,惟语意偶有未能显豁者。盖以此次和款,其东文辞典间有不能以汉文更易处,复以英文比例对译,亦无适当汉字。设使强为改换,则汉文虽觉顺利,而于东文旨趣转多不合。故遇此等字句,仍用东文名词以全真相。除将东文原本随同译文备文咨呈浏览外,查约中第三款有举满洲全境悉归中国自治及不侵中国主权等语,则此后交涉便可抱定此说与之持议,以冀自保权利。惟俄在东三省所得种种利益及租借地方前经中国允许者此时由俄让与日本,窃恐未易索回,惟有缩短其租借年限。至第五款“租借权效力所及之地域”、第六款“铁路枝路所属一切权利、特权”、第七款“效力所及各地域之铁路”等语,词意含混,不可不防。宜俟其与我交涉时询明地域所在及何等权利、特权,苟有我从前未经许俄者,可与力争,务至收回而后已。撤兵一层,在日本亦不愿延至十八个月之久,是此款项先与俄国磋商。又,留兵保护铁路一节,原约一千米突不得过十五名,又有务以少数为定等语,或较少于十五名亦未可知。惟约中日俄两国于满洲铁路各得置备守兵以保护自己铁路,是直以该铁路为日俄自有之产业,其留兵保守实则互相防御。盖长春以南之铁路虽归日本,而长春以北之铁路仍为俄有。我若商令两国均不留兵守备,其保护责任由我担认,是必先将全路买回。路既归我,则保护之权自亦在我,否则恐难办到。梼昧之见,尚乞训政,并希转回堂宪,是所叩祷。

光绪三十一年十月十五日收驻美梁大臣函一件
详陈日俄议和时情形及吾国对于和议之办法请回堂由

光绪三十一年十月十五日收驻美国大臣梁诚函称:上月二十九日肃布美字第七十八号密函,计邀堂鉴。日俄和局各节,均经查据密探所报,迭次专电驰陈在案。查和议方开之始,日本政府于偿费、割地二事极为注意。嗣以俄国坚持久不解决,乃留为后谈,先商别款。次第定议,原非失计。俄使惠德乘此间隙大施手段,于此二款始终不稍迁就,和局几散,仅认让库页半岛,仍以俄皇命坚拒偿费。日使小村飞电本国请示办法,直至七月二十八夜始接复音。二十九日定为末决谈判,日使复以赔款为言,俄使起答万难照办。日使遂谓,俄国既属困难,日本不愿固执,久坏东方和平之局,辜负美国调停之谊,已奉训条将赔款一节作为罢议。俄使乍闻此语,骇不成声,盖不料日本竟有此举也。当即彼此签允,和局告定,各自拟缮约稿,于本月初七日画押。事后探悉,俄使原欲给日本兵费二万万金圆,只以事关重大,稍作迟回。无如日本不及觉察,仓卒退让,俄人得于外交上大获全胜。此间西报议论纷如,或谓日本顾全大局,慷慨慈仁;或谓俄使心灵手敏,外交巨擘;或谓美总统居间主持,日人勉强听命;或谓黄种人性质脆弱,断非白种之敌。诸如此类,不可胜举。总之,日本糜费数万万之金钱,伤残十数万之生命,原欲取偿于俄,稍资资助。今既大违初愿,自必急作他图。若不阙我,将焉取之?则东三省矿路、森林一切权利,任意侵夺,不问可知。此实于我有大不利者也。日俄约款,密探所报于东三省主权、土地尚无大损,且与美总统前言大略相同。惟十八个月后退兵为期过久,留兵守路窒碍良多。查核东三省铁路合同及中俄撤兵原约均有不符,亟应认真驳斥,务令改短撤兵之期,收回留兵之举,由我一面切实担任保护铁路,一面赶练新军调往填扎。乘此未曾换约之时预为辨论,当可转圜。前经与伯唐参议专电请示办理,我邸堂列宪瞻言百里,成竹在胸,想蒙见诸施行矣。即希代回邸堂列宪,鉴察训示为荷。

光绪三十一年十月二十日收俄璞使函一件
俄与日所定约本英〔法〕文尚未接到不能抄送由

光绪三十一年十月二十日发(收)俄国公使璞科第函称:顷接函称,此次贵国与日本所定和约系英法文,即希将和约各文抄送一分等因前来。本大臣甚惜不能抄送,缘此次与日本所定和约英法各文尚未接到也。

光绪三十一年十二月十七日收驻美梁大臣函一件
(密件)日俄和约已画押其接租旅大移让铁路分驻卫队等事与我实有关系万难一一照允由

光绪三十一年十二月十七日收驻美大臣梁诚致丞参函称:上

月二十九日肃布美字第八十八号公函,计荷堂察。日俄和议条约,前经会同伯唐星使将密探所报及西报所载分别电闻。嗣后此件条约经两国批准公布,其全文始见西报,与密探所报一一符合。批准约本于前日寄递到美,由驻美俄使罗善、日使高平订期十月二十九日下午四点钟在美外部由外部大臣会同互换,特将全约布告天下,当经电达冰案。兹将全约照译汉文,录呈备览。查该约各款如接租旅大、移让铁路、分驻卫队等事与我实有关系,万难一一照允。约内原有商准中国字样,正可藉此要求另订专章,收回矿业、警卫诸权,勒令将铁路里数、租约、年期一一声明限定,毋得托故推展,致多枝节。现闻日使小川(村)已抵北京,提议此案,颇多要请。我若稍事通融,日本势力固将日张,而俄人援案以求,尤难拒绝。势非慎终于始,不能竭蹶图存。我邸堂列宪成竹在胸,瞻言百里,想必有因应防维之善法,以伐贪狡无厌之诡谋也。现在议办情形,可否请由台端择要密示,俾慰杞念,无任岐祷。专肃,即乞代回邸堂列宪鉴察为荷。

附译日俄和约　全文共十五款追加约款二款由(十一页)

照译日俄和议条约

日本国皇帝及全俄罗斯国皇帝因欲回复两国及其人民之平和之幸福,故决定缔结议和条约,是以日本国皇帝任命外务大臣男爵小村寿太郎及驻扎亚美利加合众国特命全权公使高平小五郎为议和全权大臣,全俄罗斯国皇帝任命俄国大臣领袖式尔齐·威第及亚美利加合众国特命全权大臣路曼·罗善为议和全权大臣。因而各议和全权大臣互出示其委任状,经认其为良好妥当,以协议决定各条款。

第一条　日本国皇帝与全俄罗斯国皇帝之间及两国并两国臣

〔民〕之间将来可有平和及亲睦。

第二条　俄罗斯帝国政府承认日本国在韩国之政治上、军事上及经济上有特别之利益。当日本帝国政府在韩国执行认为必要之指导、保护及监理之措置时，俄国必不沮害或干涉。在韩国之俄罗斯国臣民，则日本当与其他外国之臣民、人民全然同样待遇之。试换词而言之，即当与最优待国之臣民及人民置于同一之地位。

两缔约国因欲避一切误会之原因，故相约不得在俄韩两国交界境地执行有可侵迫俄罗斯国及韩国领土之安全之各种军事上之措置。

第三条　日本国及俄罗斯国互约左之各事：

一、从附属于本约之追加约款第一节之规定，除辽东半岛租借权效力所及之地域以外，凡在满洲两国军队当全部同时撤退。

二、除前记地域之外，当举现在日本国及俄罗斯国之军队所占领、所管理之满洲全部，全行归还于大清国专属之行政。

俄罗斯帝国政府当声明，不得在满洲侵害大清国之主权及获得有违机会均等主义之各种领土上之利益及优先的与专属的之让割。

第四条　俄罗斯国及日本国因欲发达大清国之满洲诸工业，故互相约于列国共同执行各种处置时均不得出而阻害。

第五条　俄罗斯帝国政府以大清国政府之承诺，将旅顺口、大连并其附近之领土及领水之租借权及关联于该租借权组成其一部之一切权利、特权与割让移转割让于日本帝国政府，俄罗斯帝国政府又将在前记租借权效力所及之地域内之一切公共营造物及财产移转割让于日本帝国政府。

两缔约国互约，须得前记所规定之大清国政府之承诺。

在日本帝国政府相约,当完全尊重在前记地域内之俄罗斯臣民之财产权。

第六条　俄罗斯帝国政府当以长春(宽城子)、旅顺间之铁道及其一切支线及在该地方而附属之一切权利、特权、财产及在该地方而属于该铁道之产业,不受一切补偿而以大清国政府之承诺,移转割让于日本帝国政府。

两缔约国互约,须得前记所规定之大清国政府之承诺。

第七条　日本国及俄罗斯国在满洲之铁道须限定全然以商工业之目的经营之,决不得以军略之目的经营之。

惟辽东半岛租借权效力所及之地域之铁道则不得照以上所载之制限。

第八条　日本帝国政府及俄罗斯帝国政府当另结一约规定在满洲两国接续铁道业务,以期达增进之交通及输运且便利之之目的。

第九条　俄罗斯帝国政府将萨哈连岛南部及其附近之各岛屿并在该地方之一切公共营造物及财产永远让与日本帝国政府,而其割让地域之北方区界则以北纬线五十度为界线。该地域之正确之界线,则照附属于本约之追加约款第二节之规定决定之。日本国及俄罗斯国互约,各不得在萨哈连岛及其附近之岛屿之各自领地内筑造炮垒及其他类此之军事上之工作物。又,两国均不得在宗谷海峡及鞑旦海峡执行可以妨害自由航海之各种军事之措置。

第十条　其在被割让于日本之地域居住之俄罗斯国臣民仍保留其自由,得以听任其自行卖去其不动产而退回本国。但该俄罗斯国臣民若欲仍居留于被割让之地域,则可服从日本国之法律及管辖权,而听任其安全从事职业且行使其财产权,日本帝国当支持保护之。日本国对于失去政治上及行政上之权能之人民,有权可撤回其在前纪地域之住民权,又可逐出该地域。但日本国仍当完全尊重前纪住民之财产权。

第十一条　俄罗〔斯〕国当与日本国订一协约,令日本国臣民享有滨日本海、哇谷克海及卑令海之俄罗斯国领地之沿岸之渔业权。

关于前纪之事,两国互约当不致影响于俄罗斯国及属于外国臣民之权利。

第十二条　日俄通商航海条约系因战争而废止,故日本帝国及俄罗斯帝国政府当以战争以前有效力之条约为基础而新缔结通商航海条约。即以此为两国通商关系之基础,相约互以待最优待国之方法相待遇。而进口税及出口税、税关通商号(税)(即子口税)与吨税,并在此一面之领土对于彼一面为代理人之臣民及船舶所有许其入国及待遇之利益,须一律仍照旧约。

第十三条　本条约实施之后,当速即互行交还一切之俘虏。日本帝国政府及俄罗斯帝国政府当各任命预备领受各处俘〔虏〕之特别委员一名。此一面之政府所收容一切俘虏,当交还;彼一面之政府之特别委员或正当受委任之代表人,该委员或其代表人当领受之。而其交还及领受,则当由交还俘虏之国预先通知领受国之特别委员最近便之人员,及于交还国之最近便之出入地举行之。

日本国政府及俄罗斯国政府于俘虏交还完毕之后,速即将各俘虏从捕获或投降之日起至死亡、交还之日止,因保护休养该俘虏之直接费用若干,造一详细帐簿,互行提出。该细帐簿交换之后,日本国及俄罗斯国即互相比较该簿所记之差数,其少出者即行找回。

第十四条　本条约当由日本皇帝陛下及全俄罗斯国皇帝陛下批准，批准本约应当从速。无论如何，从本条约盖印之日起五十日之内，必当由驻扎东京法兰西国公使及驻扎圣彼得堡亚美利加合众国大使各以批准实情通告于日本帝国政府及俄罗斯帝国政府。从其通告完毕之日起，本条约全部当即生完全之效力。至正式之批准交换，则当速在华盛顿施行。

第十五条　本条约以英文及法文各写两份，即盖印于其上。其各本文虽全然符合，然设或解释有不同处，则以法文为准。两帝国全权大臣兹特签名盖印于本议和条约。

明治三十八年九月五日即一千九百零五年八月念三日
（西历九月五日）在波次茂斯作

小村寿太郎　押

高平小五郎　押

式尔齐·威第　押

罗善　押

附款（即追加约款）

下列名之各议和全权大臣从本日日本国及俄罗斯国间所订立议和条约第三条及第九条之规定，补立附款如左：

第一　关于本条约第三条

日本帝国政府及俄罗斯帝国政府互约，于议和条约实施后同时直各开始撤退其军队离去满洲地域。从议和条约实施之日起于十八阅月之期限内，两国军队均全部撤退满洲，惟辽东半岛租借地不在内。

其占领前面阵地之两国军队则当最先撤退之。

两缔约国因欲保护各自满洲之铁道线路，故均保留其置守备兵之权利。该备兵之数则每一启罗迈当至多不得过十五名。而日本帝国及俄罗斯帝国之军司令官则当在前记之驻扎地以内互以好意减退其必需之守备兵数。

在满洲之日本国及俄罗斯国军司令官从前记之原则,当协议撤兵之细目。因欲不论如何必须于十八阅月之期限内实行撤退,故当互相协议执行必要之措置。

第二　关于本条约第九条

两缔约国所各任命员数相等之境界确定委员,于本条约实施后速以永久之方法就实施确定在萨哈连之日本国及俄罗斯国领地间之正确之境界。该委员当照其地形,务以北纬线五十度为境界线。倘因地势之故致不得不稍有偏倚而不能准该纬线之度数,则于他之地点亦须有相当之偏倚以填补之。包含于割让地域内之附近岛屿之表及图说亦须由该委员绘制,且须绘制割让地域之境界之地图,且署其姓名于图上。该委员之事业须经两缔约国之承认。

上记之追加约款,当其所附属之议和条约批准时,此约款即当视为已经批准。

明治三十八年九月五日即一千九百零五年八月念三日

在波次茂斯作

小村寿太郎①

---

① 　原文如此,缺另三名全权大臣姓名。

关于日俄撤兵日期及驻兵护路案

厅/司		科		类共计	件	编	
总事由							

关于日俄撤兵日期及驻兵护路案
光绪卅一年秋日使照复满洲撤兵现今并非应行熟筹之时,驻日大臣报日外部复同前情,当即照致日俄两使撤兵一节仍宜从速,前之强制征发等命令及占据中国公私权利均须一律撤去及退还。日使照复已转达政府,吉林将军报撤兵尚须年半已与俄官商止滋扰等情,驻日大臣报与日外部商议撤兵并送来往文稿,驻奥大臣述西报论日俄撤兵事,驻日大臣又报日报载小村在京会议情形,驻美大臣函陈美使对于日俄撤兵有所谈论由。

年	月	日	收	发	某机关文	事 由	原件	
							字	号
光绪卅一	八	卅	收		日本内田公使照会	照复满洲撤兵各节现今并非应行熟筹之时由		
	九	初八	收		驻日大臣杨枢文	日外部复称声明满洲撤兵一节现该条约尚未批准未便遽为思考等因由		
		十三	收		驻日杨大臣函	密陈与日本大隈伯关于满洲撤兵之谈话由		

（续表）

年	月	日	收	发	某机关文	事　由	原件	
							字	号
		二十三		发	日本内田使、俄国阔署使照会	和约内撤兵仍宜从速护路兵无论多少均无庸留驻由		
				发	日本内田使、俄国阔署使照会	两国占据中国公私权利产业宜各一律退出由		
十	十二		收		日本内田公使照会	战事中所有强制征发等命令须一律撤去并占领中国公私权利产业应即退还等因已转达本国政府由		
			收		日本内田公使照会	缩兵（短）撤兵时期及铁路不庸设保护兵一节已转达政府由		
		十九	收		吉林将军达桂函	撤兵尚须年半已与俄官商止俄兵滋扰及护解商车收买匪械等情由		
		二十三	收		驻日大臣杨枢文	抄送与日本外务省来往商议东省事件文稿由		
					附录致日本外务省文	和约既已批务将撤兵期限缩短并退还公私权产由		

（续表）

年	月	日	收	发	某机关文	事　由	原件	
							字	号
					附录日外务省复文	政府已声明速商议东省关系事项至退还公私产业在未撤退军队以前殊难措办由		
十一	初七		收		驻奥杨大臣函	抄录西博德函件并西报论东三省撤兵事由		
	十五				驻日杨大臣函	小村到京所议日本报纸均有记载并闻撤兵期限已缩短两个月由		
					附录译件	日俄两军满洲撤兵办法及铁道线路交付线路议定书由		
	二十三		收		驻美杨大臣函	详陈与美外部及日使之谈话撤兵限期约本既经批准一时谅难更易惟有整顿吏治精练军队务使地方乂安由		

光绪三十一年八月卅日收日本内田使照会一件

照复满洲撤兵各节现今并非应行熟筹之时由

光绪三十一年八月三十日收日本内田使照会称：接准华历本年八月二十二日来照，内开：案照西九月八号路透电报内开，贵国与俄国新订条约内有两国驻扎满洲军队在十八个月内一律撤退，惟铁路一带每一千米突仍留保护兵十五名等因。查此项条约尚未见诸宣布，姑不敢信为实有其事。然此一节有妨东方大局平安暨中国地方治理，不得不亟向贵国暨俄国先为声明。一因撤兵限期似此弥久，核诸往事实为危险。二因按照中国政府与华俄道胜银行议订东省铁路公司合同暨中国与俄国所订交还东三省条约，中国既承认保护之责，即应有保护之权。乃贵国与俄国订立新约，各留护兵，不但于中国责任权限大有损碍，且最易酿生事变，尤觉异常危险，又决非本政府所愿闻也。请烦贵政府留意熟筹，除电饬驻扎贵国使臣转达贵政府外，并请贵大臣查照转达可也等因。本大臣当经将来各节电达本国政府，去后兹准电训，内开：日俄两国和约条款内凡与中国相涉之事应俟届合宜时机向中国政府妥为商酌等节，迭经声明在案，本国政府主见迄今始终如一。乃当日俄和约甫定，未及批准亦未明发宣布之时，即援报纸电报所载，遽然议及和约条款细目，揆诸事理，殊为不然。所有来照各节，本国政府以为现今并非就此事应行留意熟筹之时，即将此节照复中国政府等因。本大臣惟驻东京杨大臣料已接准本国政府照覆，措词亦必一律。本大臣既准训饬前因，相应备文照复贵王大臣查照可也。

光绪三十一年九月初八日收驻日本杨大臣文一件
密件

光绪三十一年九月初八日收驻日本国大臣杨枢文称：窃照本大臣于光绪三十一年八月二十四日承准贵部电开：兹有声明要件，其文曰：近阅西九月八号路透电，日俄新订条约，内有两国驻满洲军队在十八个月内一律撤退，惟铁路一带每一千米突仍留保护兵十五名等因。查此约尚未宣布，姑不敢信为实有其事，然此节有妨东方大局平安暨中国地方治理，不得不先为声明。查中俄议定交还东三省条约第二款载，签押后按六个月一期撤退驻满洲军队，共三期计十八个月撤完。俄国一再申请延期，本政府迄未允许。至第二、第三两期未能践约，因酿此次大变。不但日俄劳师糜饷，生灵涂炭，极可惋惜，而中国民商蹂躏，地方糜烂，暨各友邦商务阻滞，皆由驻兵过久之故。今日俄弃嫌修好，本政府甚盼东方大局从此永远平安，中国地方亦可早为治理。乃仍久驻军队，计期至十八个月之久，实与东方大局、中国地方极有关系。军队一日不撤，即不免一日之危险，本政府决不愿闻。又查东省铁路公司合同第五条载，该铁路及铁路所用之人皆由中国设法保护。又，交还东三省条约第二条亦载该铁路由中国承认竭力保护等语。是中国既任保护之责，即应有保护之权。乃日俄新约每一千米突仍留保护兵十五名，不但与中国责任权限大有损碍，并与原约不符。且节节驻兵交错相望，最易酿乱，尤觉危险，又决非本政府所愿闻。此次日俄定约，本政府深信贵政府必盼东方和局永远平安，中国地方早为治理，断不愿致生事故，扰害治安，宜与本政府均表同情。相应声明，请贵〔政〕府留意熟筹，东方大局幸甚，中国地方幸甚等语。希即照会外部等因。承准此，当即遵照原开电文照会日本外部。

现据复称：昨准贵历光绪三十一年八月二十四日文称，奉贵政府电开，据路透电报载有日俄新订条约，两国满洲军队定于十八个月内撤退，铁道一带每一千米突留兵五十（十五）名保护等事，备文声明前来。所有来意，藉悉一是。惟我国政府业已屡经声明在案，谓日俄讲和条约项内如有与贵国利害攸关者，应俟适当之时另与贵国政府商议，即今日我政府仍执此意。现在该条约尚未经批准，亦未公然发表，第据新闻电报，遽论其内情，殊于事理不甚适合。是以我政府当此之际，于该声明未便遽为思考也。应请贵大臣即将此意电复贵政府为荷等因。除电达外，相应备文咨呈贵部，谨请察照备案。

光绪三十一年九月十三日收驻日本国大臣杨枢函一件
密件

光绪三十一年九月十三日收驻日本国大臣杨枢函称：前陈第一百零七号函，计登签室。兹密陈者，昨日午后大隈伯来署见访，谈及日俄和约。枢谓此次贵国与俄国开衅，原为保全东方大局起见，固能以战胜之精神达平和之宗旨，环球万国钦服同深。惟所订和款各条虽未宣布，然报纸所载决非无因。其中撤兵一条，两国协约至十八个月之久，又留兵护铁路一条，两国协约每一千米突留兵十五名。查此两条不独于中国地方治理极有关系，且两国军士交错相望，易酿争端，亦非两国所宜，我政府已以此两条特向贵政府声明矣。大隈伯复称，贵政府声明各节，鄙人已有所闻。查撤兵一层定期至十八个月之久，亦非敝政府所愿为，尤非日本国民所乐从。盖军队在外多留一日，即多一日之饷糈。我政府初议本拟于六个月内将派出军队一律撤回，则所需各费只四万万圆；倘延至十八个月,则所费更钜。乃我(俄)国坚执十八个月之说,我国自不能独先撤兵。然我政府非不愿缩短月日,但此时未便议及,请贵国政府现时不宜焦急。盖我国政府极愿与贵国政府格外亲睦,纵有不合之事,尚可原谅。而我国民纯以义气用事,易生感情,此层亦不可不虑。总之,我政府若至适当之时,必派专使至北京与贵政府直接商议,或即派内田兼充专使。届时贵政府将撤兵一节直接与议,或易就绪。即留兵保护铁路一层,似亦可与商量。惟此时贵政府似宜静候方有益。此皆鄙人忠告之言,望转陈贵政府为荷等语。枢复托其与彼政府谈及此事时代为运动,并谢其热诚相与,握手而别。以上各节,谨当译陈,密呈荩核,并乞转回堂宪,是所叩祷。

光绪三十一年九月廿三日发日内田、俄阔署使照会一件
和约内撤兵仍宜从速护路兵无论多少均无庸留驻由

　　光绪三十一年九月二十三日发日本国公使内田康哉、俄国署公使阔[①]照会称:本年八月二十二日,本部以译阅路透电报,内开:贵国与俄国、日本国新订条约内有两国驻扎满洲军队在十八个月内一律撤退,惟铁路一带每一千米突仍留保护兵十五名等因,此一节有妨东方大局平安暨中国地方治理,向贵政府声明留意熟筹等因在案。现在贵国与俄国、日本国议和条约业经批准施行,查此约续订条款内开:大日本、大俄两国政府允约于前开和约遵行后彼此立即并同时开办,由满洲地方撤兵。自和约遵行后十八个月限期内,两国军队除辽东半岛租地外,应由满洲地方全行撤完,其撤

---

① 阔,即俄国代理驻华公使阔萨克福(Г. Козаков)。

兵时由两国前敌撤起。在日俄两国预行留存为保护满洲铁路可得留驻护路兵之权，此项护路兵每一基罗迈当不得过十五名。但于此限定最多数目，以日俄两军统将参酌切实情形，将此项护路兵务须会商从少限定。而在满洲之日俄两军统将按照前开宗旨，将撤兵事宜细目妥商订定后，务须从速并无论如何不逾十八个月限期内将一律撤完，须要办法彼此商定施行等语。本部详绎约文撤兵从速、护兵从少两节，深信贵国政府不欲久劳远戍，并于东方大局平安、中国地方治理固已共表同情。惟其中关系之处，有不得不仍请贵国政府熟筹者。自东三省用兵以来，中立国人民流离失所，各国商务亦多阻滞。军队早日撤完，人心方能大定。若限十八个月撤兵，未免为期过久，惟望贵国政府详加体察，务将十八个月限期再行切实商减，从速撤完，俾东方大局永远平安，中国地方早为治理。此固贵国维持平和之本意，尤中国政府所深为感佩者也。至护路兵一节，查东省铁路合同第五条内载，凡该铁路及铁路所用之人皆由中国设法保护，是中国已认保护之责，派兵护路之权自当属之中国。若日俄两国留兵护路，无论人数多少，于军事则易酿事变，于商务则有碍交通。仍应统由中国保护，庶几责任攸归，实于大局平安、地方治理均有裨益。除照会俄国、日本国大臣转达俄国、日本国政府外，相应照会贵大臣、署大臣转达贵国政府，查照本部迭造照会，转饬统将迅速妥商办理，并希见复为荷。

光绪三十一年九月廿三日发日本内田、俄阔署使照会一件
两国占据中国公私权利产业应一律退出由

光绪三十一年九月二十三日发日本国内田使、俄国阔署使照会称：自日俄两国用兵以来，东三省地方迭遭事变，所有军事中两战国强制征发等事在所不免。现在贵国与俄国、日本国和约既定,中国中立之义务已完,东三省已非战地,所有两国从前强制征发等命令应即一律撤去。如有占据中国公私权利产业,亦应同时退出,分别交还,以昭大信而符公例。除照会俄国、日本国大臣外,相应照会贵大臣、署大臣转达贵国政府查照饬行,并希见复为荷。

光绪三十一年十月十二日收日本内田公使照会一件
战事中所有强制征发事命令须一律撤去并占领中国公私财产应即时退还等因已转达本国政府由

光绪三十一年十月十二日收日本国公使内田康哉照会称:贵历本年九月二十三日接准照称,现在日俄和约已定,所有在满洲之强制征发等命令自当一律撤去,倘有占领中国公私财产亦当同时交还,希转达贵国政府等因前来。本大臣俱已阅悉,并即具报帝国政府,相应照复查照可也。

光绪三十一年十月十二日收日本内田公使照会一件
缩兵(短)撤兵时期及铁路不庸设保护兵一节已转达政府由

光绪三十一年十月十二日收日本国公使内田康哉照会称:贵历九月二十三日接准照称,据日俄和约追加约款第一条,有两缔约国为各保护铁路起见留保置守备兵于满洲之权利,其兵数每一基罗迈当不得过十五名,两国军司令官酌度实在情形,彼此得合意务从少数,限定使用守备兵在十五名以内等语。又,两国军司令官无论如何总须于不过十八个月以内实行撤兵,彼此须商定必要之布置各等语。查十八个〔月〕撤兵为期过久,须更商短时日,以期早日撤完兵队。至铁路保护兵,查东清铁道条约第五款,清国固任该铁道保护之责,则保护之权自应归之中国。若日俄各留保护兵,无论其数多少,于军事则易酿事端,于商业则有碍交通,故仍请以一切归中国保护,希转达贵国政府等因前来。本大臣俱已阅悉,并速行其报告帝国政府,相应照复可也。

光绪三十一年十月十九日收吉林将军达桂函一件
函陈与俄员商止俄兵滋扰及护解商车收买匪械各情形由

光绪三十一年十月十九日收吉林将军达桂信称:窃桂前具寸笺,谅登芸案。比维勋劳懋著,筹画精详,翘望钧衡,莫名纫佩。桂军符忝摄,倍惕冰兢,值此时艰,深虞陨越。幸闻日俄和议两国均已画押,虽未接其宣布明文,昨已据驻吉俄武廓米萨尔告知。惟撤兵尚须年半,现在各处俄队仍属雾集云屯,不无滋扰。闻有兵十八万须在吉省过冬,到处强占民房,驱逐居人。当与俄员索阔宁竭力磋商,止准附近铁路两旁十里以内各半居住,如民房十间,俄兵占用五间,仍照给租价。现已派员会同俄官,分往各属地方妥为商酌,设法安置,以期主客相安。至道路不通,商货缺乏,诸物昂贵,民生艰窘异常,兹幸和局有成,已派员护解商车前往奉天、营口等处,冀得周流贩运,藉资民生利用。其俄所招匪队俗名"花膀子"者,虽经商准俄员收械遣散,第恐收而未尽,致贻后患,复又出示,官给发价收买,并剀切晓谕该匪队等遣散后务须悔过自新,勉为良善,各谋生计。至东山一带盗匪现尚敛迹,余亦一律平静。除饬各文武整顿兵队严加防范,不准稍有疏懈,并将应兴应革各事随时认真办理外,尚祈大部指示机宜,俾有遵守而免愆尤,易(曷)胜拜祷。

光绪三十一年十月二十三日收驻日本杨大臣文一件

抄送与日本外务省来往商议东省事件稿由

光绪三十一年十月二十三日收驻日本大臣杨枢文称：窃照本大臣于光绪三十一年九月二十六日承准贵部电开：日俄续约详载撤兵护路两事，关系甚重。约文称撤兵从速，留兵从少，用笔尚洁。希承前次照会意行文外部，请饬统将从速撤兵，并由中国照约护路，无论多少均不可留兵。又，现既停战定约，所有两国以强制征发等禁令占据中国公私权利产业应即一律退出，以符公例，亦希预为声明等因。当即遵照前项缘由行文日本外务省，请为熟筹。嗣于本年十月初六日准日本外务大臣覆称，撤退军队及保护铁路两节并东省关系事项，我国政府正欲速与贵国政府商议，不日即当开办。至我军以强制征发所占据贵国公私权利产业请为交还一节，在我国军队尚未撤退以前一切殊难措办等因。相应将往复文件另纸抄录，咨呈贵部，谨请察照备案施行（附呈抄件）。

附录致日外务省文　和约既已批准务将撤兵期限缩短并退还公私权利产业由

照录致日本外务省文称：敬启者，中历本年九月二十日准贵前兼理大臣将日俄和约十四条函送前来，当经本大臣译出约文大要，电达敝国政府外务部查照。兹准覆电，嘱承前次声明要件照会贵大臣，请即咨会总司令官从速撤兵，并由中国查照旧约担任保护铁路之责，无论多少两国均不可留兵。又称现既停战定约，所有两国以强制征发等禁令占据中国公私权利产业应即一律退出，以符公例，亦希预为声明各等因。查从速撤兵及保护铁路请归中国担任两层，业由本大臣于中历本年八月二十四日函达贵前兼理大臣查照。嗣准贵前兼理大臣覆称，日俄和约尚未批准，又未公布，未便遽为考量等因,亦经本大臣电复敝国政府在案。现在和约既已批准,于贵历明治三十八年十月十五日按照和约全分施行,又准敝国外务部电嘱照会前因,为此函商贵大臣,务将撤兵期限竭力缩短,愈速愈妙。其保护铁路之责仍归中国担任。并希查照敝国前次声明要件,敬请贵政府留意熟筹,东方大局幸甚,中国地方幸甚。窃维贵国于宣战之时仗义执言,专为保全东方和平起见,此时议和又复顾全大局,则所有以强制征发等禁令占据中国公私权利产业,必已按照公法知会总司令官一律退出者矣。以上各节,统祈贵大臣查照示覆,是为至祷。专布,顺颂时祉。大日本外务大臣男爵小村寿太郎阁下。杨枢谨具。第一百六十八号。光绪三十一年九月二十六日。

附录日外务省覆文　政府已声明速商议东省关系事项至退还公私产业在未撤退军队以前殊难措办由

照录日本外务省覆文称:以書翰致啟上候陳者滿洲二於ケル帝國軍隊ノ撤退時期其他ノ件二關シ貴歷九月廿六日附第百六十八號貴翰ヲ以テ御申越ノ趣致敬承候日露講和條約モ既二實施セラレ候二付テハ帝國政府ハ豫テ聲明シタル通早速貴國政府トノ間二滿洲二關スル事項ヲ協定スル筈二有之不遠內右交涉開始ノ運卜可相成候二付撤兵問題及鐵道保護問題ハ其機二於テ貴我兩國間二意見ヲ交換スルトニ致度又帝國軍隊カ強制征發ヲ以テ佔據セル貴國公私ノ權利財產明渡二至テハ帝國軍隊撤退以前二何等ノ措置ヲモ執ル能ハサルハ申迄(込)モナキ義二付右樣御承知相成度此段回答旁本大臣ハ茲二重テ閣下二向テ敬意ヲ表シ候敬具明治三十八年十一月一日外務大臣男爵小村壽太郎大清特命全權公使楊樞閣下。

译文称:敬复者,案准贵历九月二十六日第一百六十八号贵大臣文开,以东省撤兵等件照会前来,本大臣敬悉一是。现时日俄和约业已施行,我国政府正欲照前声明速与贵国政府商议东省关系事项,不日即当开办。若撤退军队及保护铁路两节,应俟届时贵我两国之间各抒所见。至于我军以强制征发所占据贵国之公私权利产业请为交还一节,在我国军队尚未撤退以前一切殊难措办等因。统希贵大臣察照为荷。专此布复,敬颂时祉。

光绪三十一年十一月初七日收驻奥杨大臣函一件
抄录西博德函件并西报由

光绪三十一年十一月初七日收驻奥杨大臣钞函报称:西博德伯爵致晟函称:顷接华盛顿消息云,日俄约内所拟交还东三省及留兵看守东清铁路两款,贵政府以其限十八个月交还为期太远,应减去九个月;看守铁路兵丁以一万五千为额,未免太多,已力驳此款等语。本爵闻之,无任愉快。查贵政府此次所为与鄙意颇合,且系不可少之举。因贵国曾经布告各国,凡日俄议和各节有伤贵国利益疆土者,贵国万不照准等语在案也。鄙意以贵国此次所拒之二节亦应一律知照前所布告之国,请其按照公法相助。惟据华盛顿新闻称,此次贵国只与日俄二国理论耳。盖贵国可用以辨论者如下,如谓须俟十八个月方将东三省交还,加以日俄在该处肇衅之十八个月,则是东三省被占三年方可收还。假使两国于衅端未开之先而能彼此解散,则贵国不过稍延岁月即可将该处收还。今而小民何辜,遭此许久之荼毒,即置前之所失者于不问,而今之多延岁月将何所取偿?尤要者,倘目下和约各款犹有不利于贵国之事,贵国即当向日俄二国讨问以便驳诘。否则人将以贵国尽行依允,迟则难以更改。惟此事须由贵国驻洋使臣暗与各国政府商议,请其相助,此外则须禁日后各国在中国疆土肇衅,以免将来再有意外之虞。如贵国将来兵力果强,则毋庸借助外人。凡有不合公法之事,贵国亦可以兵力御之。盖以上所言拒日俄各节,将来皆足以常享太平,非但贵国兴起,即天下亦大定矣。

坡自牟次电称:西九月二十八号俄皇电致全权大臣威脱云,卿此次办理和约事宜诸臻妥协,有光朕命,卿现由华盛顿荣旋,特为电贺,兹派出快船一只以备卿用,务于明日见朕为要。威脱遵旨来见,正值俄皇及后登岸游玩,晚七钟二刻回船,当即遣小舟往迎。该大臣到时,俄皇与之款洽情殷,封以伯爵,遂即赐宴,举杯相庆。宴毕陛辞,于次日回俄京。

德京报称:目下和局已定,日本既不得中立各口之俄船,而俄又不允减少远东水军,且日本须退还俄国萨哈林之北半岛,此日人之所以大不得意也。日本自军兴以来,曾屡称贷于他国,则此次议和是非取偿于俄不可。而俄又分文不给,则日人之不得意明甚。然日本何以迁就,则因库款支绌,不能续战,故不得已而议和。岂知俄国之负债尤甚,现有德人名马尔定者曾著一书,言俄国困苦难支。查俄国国债综计一万六千五百兆圆,年息须约七百一十兆,则俄国之国债日增从此可知矣。俄京接其驻扎各国使臣来信,云俄国邀请各国赴和兰和平公会一节,各国已允简派专使赴会等语,大约不日即当开议。所有该会详细章程,亦当会同各国布告也。

德京电称:韩国驻俄使臣清朴益(译音)①论英日盟约云,此次盟约实于韩国甚有关系。其所载日本在韩国有格〔外〕利益,所有该国政治、兵事、理财各项皆归日本保护管理一款,英国之允为画

① 清朴益,应为李范晋(Lee Boom-Jin)。

押者,不过英国于此项利益不能干预耳。而不知韩国实不愿日本如此保护,且其诸事不按照韩国律例办理,将来难免肇乱。目下俄国之敢怒而不敢言,盖其兵力缺乏之故,若十年以后则必不能忍。中国之不肯干预,亦由东邻之太强。总而言之,英日盟约利害之处,俄国及欧西各邦不得不设法预防,否则所有各项利益尽为英日两国所夺,而各国难免有向隅之憾。盖欧西各国政府亦皆料及,已公同商议一精当之策以御之矣。

英京电称:日本此次胜俄,不取赔款而允停战,足见其义。厥后与英续盟,足〔见〕其智。盖其既盟之后,日本非但能保其克复之亚洲疆土,且将来亦可免受俄人之敌。英国不用兵力,不费钱财,而能与日本利益均沾,亦足见英外部大臣兰士多目办理之得力。该大臣虽曾照会驻英俄使,以此次与日本续盟并非为拒俄起见,而俄人已知其威权之在东方大非昔比矣。总之,英日此次续盟,两国在亚洲之声势益壮。目下北京政府且视日本为强国,中国陆军改良即因日本胜俄起见。将来继英日联盟而为华日联盟、华英联盟者,皆在意料中矣。

德京电称:君民共治之国较胜君主专制之国,于目下东亚时局已可概见。试以英俄二国论,昔英与南非洲特人肇衅,耗尽国帑,用尽兵力,彼时俄在东方大有可为,或推广中立俄界,或侵代印度地方,英人均不能抵御。惟俄皇与英族系属姻亲,故誓于英女主威多利前曰:英特之交哄,俄绝不乘其危而自取利益。目下日俄之战,英国则不然。若论亲属,英之与俄无异俄之与英。惟英国则政府与民共操其权,故各项准备多由民权各党起意,非尽出自英君特旨。其在波斯则开驿路而筑电线并设立领事,其在新加坡及阿拉伯海滨等处则筹办海防,其在西藏则争竖国帜,事毕则与日本续盟。三年前俄京日报屡称俄国兵力足以吞并印度，今则大相悬殊矣。英人费一旦之力而各国皆在掌握，信可畏也。

光绪三十一年十一月十五日收驻日本杨大臣函一件
密件

光绪三十一年十一月十五日收驻日本杨大臣函称：昨陈第百十五号函，亮登记室。小村大使到京后开议情形，日本报纸时有记载。闻已会议六次，尚无意外要索事件，仰见钧部苦筹硕画，柔怀远人，极深钦服。兹悉日俄两军协定满洲撤兵及铁道线路交付办法，考其撤兵日期自西历本年十二月三十一日起，必于后年四月十五日以前全数撤完，是照原议十八个月之说缩短两个月余。至交付铁路一条，专指俄人交付日本而言，其期限约在西历明年八月一日以前。谨将所议各条译成汉文，缮呈浏览。小村在京，此条或已提及。惟此议系由军前决定，枢处既有所知，姑为译呈，以符有闻必报之例，并乞转回堂宪，是所叩祷（附译件）。

照录日俄两军满洲撤兵办法及铁道线路交付顺序议定书：

第一条　西历本年九月五日日俄两国所调印讲和条约之第三条并追加约款，以该条约为基础，再协定左之各项：

一、于满洲占领前面阵地日本军队至西历一千九百五年十二月三十一日自法库门、金家屯、昌图、威远堡门、抚顺之地带内引还。

于满洲前面占领阵地俄国军队至西历千九百五年十二月三十一日自伊通州、叶赫站、苇子沟、八面城、三城子之地带内引还。

二、至西历千九百六年八月一日，日本军队自新民屯、奉天①、

---

① 查原文件，此处"新民屯、奉天"为"法库门、铁岭"之误。

抚顺之线及其南方引还,俄国军队自三城子、公主岭停车场、伊通州之线及其北方引还。

三、至西历千九百六年八月一日,日本军队自新民屯、奉天、抚顺之线及其南方引还,俄国军队自三河屯、宽城子、八里堡之线及其北方引还。

四、两缔约国之各一方自西历千九百六年四月十五日以后,于满洲战斗员有二十五万人以上;至千九百六年十月十五日以后,有战斗员七万五千人以上。而两国撤兵必于千九百七年四月十五日以前全数撤完。

五、依讲和条约追加约款第一项,两缔约国于满洲各自为保护铁道得置守备兵,但每一启罗迈平均约十五名。

第二条

一、铁道线路交付时,两缔约国之各一方须于军事交通部将校及技师各任命三名为委员。

二、于公主岭停车场南方之铁道线路,其交付及受领定于西历千九百六年六月一日以前。至公主岭停车场及其北方之线路,其交付、受领定西历千九百六年八月一日以前。至交付日本于铁道之最北点须勘查精确,让外交上交涉。①

光绪三十一年十一月二十三日收驻美梁大臣函一件
密件

光绪三十一年十一月二十三日收驻美梁大臣致丞参函称:八月二十五日肃布美字第八十二号函,计邀堂鉴。二十四日祗奉二

① 此句文理不通,查原文件,意为"应交付日本之铁路最北终点,其精确办法应由彼此外交官协定"。

十三日堂电,以日俄和款两军十八个月退出东三省及各留铁路卫兵每启罗米达十五名,与东省铁路合同显相违背,亦与中俄撤兵原约大有出入。经已照会两国,声明一切,饬面告美政府,不可行文。仰见邸堂列宪筹画精详,防维严密,曷胜佩戴。连日值外部休沐,不克往见。二十七日晤美署外部卢密士,面述各节,并告以东三省客兵迟迟撤退,铁路卫兵数万,均足为地方行政、各国商务之害。如日俄和款果有此等办法,适生争扰之端,断非和平之策。美国素以保全大局、维持商务为宗旨,谅必不愿见此也。卢唯唯称是,允将一切代达总统。又自陈本缺副外部业已简人,日间便须交卸,此等重要事件不敢置词,正外部路提西十月初旬当可回都视事。盖总统及各部院大臣出外避暑,必俟秋深始陆续遄返也。日本小村专使自上月初八日和款签押后摒挡起程,忽患重病。医者数人朝夕诊视,或谓热症,或谓心疾,迁延旬日,莫测病源。直至上月下旬始觉稍有转机,遂与日本驻美财政专员附轮回国。闻两人皆奉日君密救,故匆促若此。至小村之病,良由日俄之战事前布置,当事因应,事后缔议,久已耗尽脑力,而以屡胜之声威,不得惬意之效果。《新报》①指摘,《国民》②訾议,虽各国通人群相推许,而日君上下亦谅无他,究竟身当其事,不免惭忿交萦,积劳之后加以忧瘁。说者谓,允让赔款之顷小村之心已经碎裂,有由然也。日使高平业已归来,诚造彼馆相见,谈及撤兵等事,复将钧部电详述。高平云,当时日本原议限十个月内两军尽行撤退,俄使商其陆军随员,据称战时俄军每日只运五百,十个月内为期太促,万难全撤。日本改为一年,俄使坚要年半,只得议定不得过十八个月之期。留兵守路一

① 《新报》,即《时事新报》。
② 《国民》,即《国民新闻》。

节,俄使原以满洲多匪,欲每启罗米达留兵二十,经再三商榷,始改为十五。其实留兵过多,为时过久,皆非日本所愿。诚询以既非日本所愿,将来撤退卫兵当可办到。高平云,将来地方安靖,日俄酌减额数,自易商办。此约已经日君批准,专俟俄国批准即在华盛顿互换。又谓各节外间均未得知,幸勿宣布等语。诚查高平所称较之密探所言尚属相似,当系当时谈判实在情形。撤兵限期虽属过久,然彼此既有要约,当不至或生变局。惟留兵过多实有流弊,且约文有遇有乱事添兵弹压之语,尤于主权显见侵碍。约本既经批准,一时谅难更易。在我惟有整顿吏治,精练军队,务使地方乂安,兵力充足,然后驳翻前约,促撤卫兵。日本苟先应允,俄国谅难矫同。我邸堂列宪智烛几先,操纵如意,当必有绸缪未雨之计,足以致磐石苞桑之固,无任跂祷。除电陈外,谨再函布,即希代回邸堂列宪鉴核是荷。

祝贺日俄和议案

厅/司	科	类共计	件	编

总事由	祝贺日俄和议案 光绪卅一年秋俄使照称俄皇致谢议和贺电请入奏等情,当照复已代入奏,日使照同前情,亦即照复,后日使照知全权大使已搭船来华,驻日大臣报和约已批准随各使觐贺日皇由。

年	月	日	收	发	某机关文	事 由	原件 字	号
光绪卅一	八	初九	收		俄国阔公使照会	本国皇帝致谢贺电请入奏由		
		十三		发	俄阔署使照会	俄外部致谢国电训条已代奏由		
		十五	收		日本公使内田康哉照会	本国答复祝贺国电由本大臣转呈请奏递由		
		十七		发	日本内田公使照会	日本政府致谢国〔电〕训条已代奏由		
	十	初九	收		日本内田公使照会	本国全权大使于本月初十日搭满洲丸直开往塘沽所有参随衔名另单送阅由		

（续表）

年	月	日	收	发	某机关文	事　由	原件	
							字	号
		十七	收		驻日大臣杨枢函	函陈与小村问答和约事宜再和约批准后觐见日皇庆贺由		
					附录再函	随各使觐贺日皇情事由		

光绪三十一年八月初九日收署俄阔公使照会一件

本国皇帝致谢贺电入奏由

光绪三十一年八月初九日收署俄阔公使照会称：昨经贵国驻扎森彼得堡钦差大臣胡将贵国皇太后、大皇帝以俄国与日本和局已成表明致贺并深为欣悦之意，电报转致本国外务部大臣公爵兰各情。兹准本国训条，本署大臣代本国大皇帝致贵国皇太后、大皇帝之意如下：大俄国大皇帝致谢所颂之忱，并望远东复立和局，必致两邻邦敦固和好。本国大皇帝永对大清国以友谊，诚愿贵国诸务兴盛，且愿俄国所能赞助。本国大皇帝谅目下所批订之和条，中国皇太后、大皇帝可以见以上之意之实据也等因前来。本署大臣相应据此照请贵王大臣入奏为荷。

光绪卅一年八月十三日发俄阔使照会〔一件〕

俄外部致谢国电训条已代奏由

光绪三十一年八月十三日发俄阔署使照会称：本国大皇帝钦奉皇太后懿旨，特发国电致贺贵国与日本和局告成。本年八月初九日准照称驻俄胡大臣业经转致俄外部，兹奉训条，大俄国大皇帝致谢颂忱，并望两国敦固和好，请代入奏等语。本部现已恭录进呈皇太后、大皇帝御览，相应照复贵署大臣转达贵国政府可也。

光绪三十一年八月十五日收日本内田使照会一件

本国答复祝贺国电由本大臣转呈请奏递由

光绪三十一年八月十五日收日本内田使照会称：顷准本国政府训电，内开：因此次日俄和约告成，将中国大皇帝达致我国大皇帝祝贺国电由杨大臣转递前来，兹将另附我国大皇帝答复国电饬由本大臣转行呈递等因。本大臣钦遵,相应备文照请贵王爷即将另附国电妥为奏递,是为至盼。

大日本国大皇帝敬复大清国大皇帝:现因日俄和议告成,特承电祝,辞意恳笃,益征睦谊敦厚,实深欣感,即布谢忱。

光绪三十一年八月十七日发日本内田使照会一件
日本政府致谢国电训条已代奏由

光绪三十一年八月十七日发日本内田使照会称:本国大皇帝特发国电,祝贺贵国与俄国和约告成。本年八月十五日准照称,贵国大皇帝答复国电附送,请即妥为奏递等因。本部现已恭录进呈御览,相应照复贵大臣转达贵国政府可也。

光绪三十一年十月初九日收日本内田公使信一件
本国全权大使于本月初十日搭满洲丸直开往大沽所有参随衔名另单送阅由

光绪三十一年十月初九日收日本内田康哉信称:现准本国政府电开:特派全权大使订于本月初六日(华历十月初十日)搭坐"满洲丸"由横须贺开船,一直开往大沽等因。所有随带参赞、随员衔名除另单送阅外,相应函达贵王大臣查照可也(附另单)。

参随各员衔名清单:

外务省顾问美国人　德尼孙

办理公使　佐藤爱麿

外务省政务局长　山座圆次郎

外务省人事局长　松方正作

公使馆二等书记官　落合谦太郎

外务书记官　本多熊太郎

外务大臣秘书官　小西孝太郎

陆军大佐　立花小一郎

海军中佐　田中耕太郎

另有陆军武官一员及随同特派全权大使书记生两员。

光绪三十一年十月十七日收驻日本杨大臣函一件

函陈与小村问答和约事宜再和约批准后觐见日皇庆贺礼成由

光绪三十一年十月十七日收驻日本国大臣杨枢函称：前陈第百十一号函，亮承荃察。日本外务大臣小村男爵归国后即回本任，惟以感冒请假，概不见客，昨始销假。枢即前往探视，得与晤谈。言次提及和约事宜，告以我国所最注意者撤兵期限及留兵守路两层，务望查照前两次照会速赐筹复等语。小村答云，凡与中国关系事件必与贵政府妥为商量，务求两国有益，断不使中国独有损碍。惟将来如何开议，或即派内田公使兼任其事，或另派专使，我政府正在筹思，约数日内必可决议。前奉照会各节，亦俟筹定后一并交议，届时谨当照复并通知如何开议。乞先电达贵政府，请勿疑虑云云。枢默察小村形色并聆其语气，将来开议或不致过于为难。除电陈外，谨此奉布，并乞转回堂宪为叩。

附录再函　随各使觐贺日皇由

敬再肃者：日俄和约批准后，各国驻日使臣相约觐见日皇，同申庆贺，择定本日午初入宫觐见。礼成后，日皇即于宫中赐宴，陪食者宫内大臣、总理大臣、外务大臣及式部长。日皇同坐宴飨，以示敦睦邻交之意。午后一时退出。谨以附闻。

日俄将协议东三省事宜案

厅/司	科	类共计	件	编

| 总事由 | 日俄将协议东三省事宜案
光绪卅一年十月俄使照称已奉俄政府命可从事商议东三省事，当即照复阅悉，而驻日大臣亦函报日廷已派小村寿太郎来中国协议东三省事宜并带随员八人由。 ||||||

年	月	日	收	发	某机关文	事　由	原件	
							字	号
光绪卅一	十	十二	收		俄国公使璞科第照会	奉本国政府命所有归于东三省之事本大臣现可从事商议由		
		十四		发	俄公使照会	商议东三省事已阅悉由		
		十七	收		驻日大臣杨枢函	日廷已派小村寿太郎赴中国议东三省事宜由		
					附录清单	小村所带随员名单由		

光绪三十一年十月十二日收俄璞使照会一件
中国与俄国政府愿相商其所归于东三省之事本大臣现可从事商议由

光绪三十一年十月十二日收俄国公使璞科第照会称：兹查贵国政府与日本全权者将商议东三省事务，本大臣据奉本国大皇帝之命照会贵王大臣，贵国政府与俄国政府愿相商其所归于东三省之事，本大臣现可从事商议可也。

光绪三十一年十月十四日发俄璞使照会一件
商议东三省事已阅悉由

光绪三十一年十月十四日发俄国公使璞科第照会称：光绪三十一年十月十二日接准照称，贵国政府与日本全权将商议东三省事务，奉本国大皇帝命照会，贵国政府与俄国政府愿相商归于东三省之事，本大臣现可从事商议等因。本爵大臣业经阅悉，相应照复贵大臣查照，转达贵国政府可也。

光绪三十一年十月十七日收驻日本杨大臣函大（一）件
密件

光绪三十一年十月十七日收驻日本国大臣杨枢函称：前陈第百十二号函，谅承察及。日廷特派外务大臣男爵小村寿太郎赶赴中国协议东三省事宜，带同随员八人，名单另纸录呈尊览。顷悉小村即于明日午后由东启程，乘"满洲丸"直驶津沽。窃探日本此次特派大使，行期如是之速，盖缘待开国会，集议战后经营。其政府恐开会在先，东三省事开议在后，国民从中干涉，致多周折，故特简小村大臣赴中国，伊藤侯爵赴韩国商议一切，均限于一月内议结。

小村人尚和平,本系议和全权,日俄和款早已熟筹。此时派赴我国,必已胸有成竹。前晤小村,据称中日两国交涉必求两有利益,苟独有益于日本而有碍于中国者,日本断不为也。其言虽未可尽信,开议时或亦不至十分为难。除将小村启程日期另行电达外,谨以奉闻,并乞转回堂宪,是所叩祷(附单)。

办理公使　佐藤爱麿

外务省政务局长　山座圆次郎

外务书记官　松芳(方)正作

陆军步兵大佐　立花小一郎

公使馆二等书记官　落合谦太郎

海军中将(佐)　田中耕太郎

外务书记官兼外务大臣秘书官　本多熊太郎

外交官补兼外务大臣秘书官　小西孝太郎

东三省善后总案

东三省善后案

厅/司		科		类共计		件	编

总事由	东三省善后案 光绪卅年七月孙宝琦奏请俟日俄停战将东三省等处通商,卅一年三月吕海寰奏陈东三省办理事宜,十月奉天将军函复奉省矿垦林盐及渔牧各事业情形,十月奉天道府呈递关于盐务铁路购地各交涉节略,吉黑两将军会奏东省中俄交涉善后情形请饬部核议厘订,黑龙江请通知俄政府瑷珲仍归中国版图,程德全咨呈奏陈瑷珲善后事宜,吉林将军咨呈附奏派方朗备询关于日俄和议东省善后事宜由。

年	月	日	收	发	某机关文	事　由	原件	
							字	号
光绪卅	七	十六	收		军机处交出孙宝琦抄片	奏请俟日俄停战将东三省等处通商片奉旨外务部知道由		
					附录抄片	一俟两国停战有期由我宣布将东三省蒙古新疆等处开门通商未始非计由		
光绪卅一	三	初八	收		军机处交出吕海寰抄片	奏陈东三省办理机宜一片奉朱批外务部知道由		

（续表）

年	月	日	收	发	某机关文	事　　由	原件字	号
十		初五	收		奉天将军赵尔巽函	函复奉省矿务垦务林业盐厘一切情形其他渔牧各事业时局一定当极力推广由		
		二十二	收		盛京将军赵尔巽函	前奉电称小村来京会议等情已派钱道于守陶令前往陈述兹将愚虑各节之关于会议者开具节目呈备甄采由		
十一		初五	收		奉天差委道钱鑅候补府于驷兴节略	奉省盐务铁路购地及吉江两省铁路交涉等因由		
		十五	收		吉林将军达黑龙江将军程文	具奏沥陈东省中俄交涉情形请旨饬部厘订补救等因一折又附奏拣派同知宋小濂赴部备顾问等因一片抄录原折片咨照（呈）由		
					附录原折片	沥陈东省中俄交涉善后情形请旨饬部及时核议厘订籍图补救折又拣派同知宋小濂赴部备顾问片由		

年	月	日	收	发	某机关文	事　由	原件	
							字	号
				收	署黑龙江将军文	瑷珲难民归业应通知俄政府声明仍归中国版图治理由		
		二十五	收		署黑龙江将军程德全文	两强战熄江省善后问题自以归还瑷珲为尤要拟请旨以鄂龄署瑷珲副都统前往布置由		
		二十六	收		军机处交出程德全抄片	程德全奏瑷珲善后一片奉朱批外务部查核办理由		
		二十七	收		署吉林将军文	附奏派方朗赴京备询日俄议约事一片抄稿咨呈由		
					附录原片	两国和议有成善后各事牵涉东三省者甚大特派分巡道方朗咨送外务部备询合附片陈明由		

光绪三十年七月十六日收军机处交出孙宝琦钞片一件

日外部论俄日停战后可将东三省蒙古新疆等处开门通商由奉旨外务部知道钦此

光绪三十年七月十六日收军机处交出孙宝琦钞片称：奏请俟日俄停战将东三省等处通商片，奉旨：外务部知道，钦此。相应传旨贵部钦遵可也。

照录钞片

再，俄日之战，法与俄联盟之国，故朝野多袒俄而迄无公论，法几视东三省为俄应据之地。前接外务部电称，声明东三省为中国土地，无论何国胜败，仍归中国自主，不得占据。臣向法外部声明，法外部竟不置一词。臣到日①京，屡晤其外部大臣，谈及东三省事。据云，看来日本可胜到底，中国宜俟两国停战议和之时自行宣布，将东三省、蒙古、新疆等处开门通商，免两国立在约内，致失主权，亦免俄败后另图侵占。既自宣布开门通商，各国皆得沾利益，亦可主持公论，不至受亏。果使开门通商，得以广开路矿，制造工艺日益扩充，实于中国有益。又云，中国前此开通商口岸，皆系受外人之凌逼，非真通商。倘目下能将通国内地概准外人通商，示无仇视外人之意，可免外人猜忌之心，实于邦交有裨，但须改订律例，收回治外之权等语。察其语意真挚，该国与俄日一无偏袒，与我亦无所觊觎，故背（肯）如此直言。臣查日本国索在东三省之工商利益，致与俄开战，将来战罢，自必求遂其大欲。而尤虑俄人之不得志于东，求逞志于西。如果一俟两国停战有期，由我宣布将东三省、蒙古、新疆等处开门通商，未始非计。是否可行，伏祈圣裁。谨

---

① 此处"日"指日斯巴尼亚（西班牙）。

附片具陈,伏乞圣鉴。谨奏。光绪三十年七月十六日。

光绪三十一年三月初八日收军机处交抄一件
吕海寰奏陈东三省办理机宜一片奉朱批外务部知道钦此

　　光绪三十一年三月初八日收军机处交抄吕海寰片奏称:再,上年正月间臣曾会同魏光焘、岑春煊、端方、盛宣怀等密陈东三省事宜。此事关系甚巨,如何办理,望朝廷自有权衡,臣亦何敢多渎。惟近日采诸沪上中西舆论,俄日战局,日非得占海参崴,俄非退至哈尔滨,不能议结。现在日兵已进据奉天省,战事虽未即了,将来终归于和。臣愚以为及此和局未定之先,亟宜赶紧设法,为收回东三省地步。拟请一面电饬各驻使,探访各国政府意见如何,有何举动,以备相机预筹,一面密询日廷审实,将来收束东三省之办法早为部署,冀保主权。风闻美国总统重开弭兵会,内有两军交战守中立者以何为本一条,约今年夏秋间即可开议。如此事果确,则美为议主,各国须派使会议。我国亟应简派专使大臣,乘此机会将此次日俄开衅所损害于我东三省者,与夫西藏将来善后事宜,凡利害所关,皆宜统核规画,指授机宜,切实与商。况美廷素以和平开放为主,尤应与之竭意联络,预为收回主权张本。事机瞬息万变,先箸宜筹。若再落人后,恐日俄成议不容我参与其间,不但东三省难望收回,即开放商场亦不由我允许,主权尽失,补救已迟,势必蹈西藏之覆辙。臣窃思日本仗义执言,自不至利我土地。但彼费千百万之饷,丧十余万之兵,不能尽责偿于俄,必将转索酬于我。或援胶澳成案,租借海口,或要索别项最高权利,此不可不预筹因应之策也。俄则失去东三省之权利,必不甘心。两国已有交责破坏中立之言。俄又屡次犯我中立之地,虑其横决,必将于新疆伊犁、浩罕,

蒙古东西四盟一带藉端阑入而要挟取偿,自在意中。臣闻东三省
人民畜产被俄兵蹂躏劫劫(去)者不堪缕述,趁此未经议和之前,
应请饬下奉天将军、府尹密查我东三省人民畜产计损失若干,开单
存记,以为将来索偿根据。俄即不肯认赔,或以为日后抵制之用,
亦可免临时周章。此尤不可不兼筹并顾者也。总之,日俄和局既
定,胜者侈心自逞,败者积怨益深,就中国为战场,即视中国为机
肉;各国藉口效尤,视两国所占该省最高之权利均欲于各省分占。
彼时再向他国转圜,势无及矣。臣抚心凤夜,忧惧万分。受恩深
重,不敢安于缄默,谨附片密陈。是否有当,伏乞圣鉴训示。谨奏。
光绪三十一年三月初八日奉朱批:外务部知道,钦此。

光绪三十一年十月初五日收奉天将军函一件
**函答奉省矿务垦务林业盐厘一切情形其他渔业牧政等事业时局一
定当极力推广由**

　　光绪三十一年十月初五日收奉天将军赵尔巽函称:接奉钧
函,详示东省应办实业情形,烛照无遗,曷胜钦佩。巽莅东以来,于
各项实业遇事咨询,略得梗概,谨为觇缕陈之。查东省矿产久为中
外所艳称,除漠河向归北洋经理,爱浑(瑷珲)、三姓等处现以路
阻尚未调查外,奉省各矿无论金、银、铜、煤,报开者实繁有徒,而著
有成效者卒难数觏。推原其故,固由探踩未靖,然实皆限于赀本,
不能合群以赴之,往往勾结外人,多生枝节。此抚顺煤矿所以为
日军占用,至今尚无归结也。此外,茨儿山、五湖嘴各煤矿大概类
此。和议定后,将来与我开议时,是为绝大问题,亟应预为之计。
其他金银各矿,或报而未开处所甚多,而求其稍有实际者亦不多
得。前已通饬各属详细查复,一俟报齐,尚拟列表以闻,通筹善策。

至林业，因近年围荒开垦，奉省近边一带已属强半童山，其余又多在封禁地界内。现虽此例可稍变通，而路远费钜，有利与否尚须详查。东边固为木植荟萃之处，近日砍伐将及韩境，亦有转运维艰之势。袁道大化前立之木植公司仅为木簰保险而设，诚有如钧函所云，章程未为完备。自两国宣战以后，并此无之，商工皆受重累，官税短征尚其余事。和局议定，即须另定妥章，以为久远之计。若垦荒一节，实为奉省目前切要之图。然综计其事，则仍以劝办蒙荒为当务之急。现在科尔沁公旗蒙荒将次告竣，复派员劝办图什业图王等旗荒地，尚未就绪。若腹地则旷土虽多，浮余亦有，而肥瘠不一，又当此凋敝之余，兵燹频仍，非连年丰稔元气且不易复，更何可格外征求？为今之计，惟宜就辽西完善之区，若锦属马厂地亩先行查丈，庶几无伤政体。现已与廷侍郎往复熟商，陆续奏明办理。至天一公司成效实已昭著，自应设法保护，提倡用资观感，冀可扩充。惟如此巨商甚难物色，每有诡称集股钜万，实则并无其事，不过妄思垄断者。此中情弊，必须详查。刻已派委妥员，随同钦差考察政治大臣出洋招股，海外华商或有闻风兴起者，是冀所祷祀以求者也。至盐务一节，奉省盐厘自同治六年经前将军都兴阿等创办后，节次加增，现与内地相去无几。前年设立督销局，首以清查滩户为要，是以立就场①征税基础。现颇有以此说进者，正在详细考究，妥筹办法。但俟商埠开后，须严防外盐充斥，盖非重税不能遏抑之。至于渔、牧两项，土法相沿，毫无进步，出产器具制造胥无足观。故前准商部咨发南洋张殿撰渔业公司调查表，仍须俟设法倡导，民智稍开方可入会。惟渔团一事既资联络，兼益缉捕，是宜必

① 场字下似脱一"为"字。

行,已饬属详查矣。牧政则惟蒙境新设府县为最宜,地方稍形繁庶,自应兴办。以上二事,吉江两省较奉为优,道路一通,当即会商办理。此外奉省之亟宜振兴者,尚有山茧及棉、麻、烟、靛等物,皆系农业中可供制造之品。时局已定,均应竭力推广。总之,事在人为,各项实业皆须悉力讲求。况当此竞争之世界,舍此别无图存之策。巽以轻材,忝膺重寄,责无旁贷,自当集群策群力,次第举行。兹荷垂询,敬以奉复,仍希随时锡之教诲,俾匪不逮,幸甚幸甚。

光绪三十一年十月二十二日收盛京将军函一件
密件

光绪三十一年十月二十二日收盛京将军赵尔巽函称:昨奉赐电,以日派小村来京会议,令即派员携带卷宗前赴北京以备顾问等因,遵即遴派钱道镠、于守驷兴、陶令彬趱程前往,趋叩钧前,面求训诲。兹将愚虑各节之关系会议者开具节目,呈备甄采。

一、营口为已开商埠,必须于撤兵以前先行交还。

一、营口所收关税须全数交还,以备地方善后之用。

一、营口副税务司须由中国自派。

一、营口须重定租界。

一、新奉铁路由我自办。

一、新民军政署须令先撤,其所收地面捐项全数交还。

一、大连湾设关收税。

一、争回金州厅治理权。

一、安东租界由我自定。

一、公私房产不得作为战利品。

一、电报、邮政,撤兵以前必须交回。

一、缩短十八个月撤兵期,并由我先行派兵保护地面。

一、铁路护兵由中国自练。

一、安东至奉天军用铁路现在无所用之,商明撤回。

一、铁路三十里以内之煤矿不能阻华人自办,其他各矿不在例。

一、鸭绿江木植所有华商权利不得损害。

以上各节,皆择其荦荦大者。一切详细情形,已饬钱道等详细面禀。伏乞进而教之,大局幸甚。

又,俄虽强有占为之事,未经中国允许者应提出另论。

一、辽东半岛之盐应仍归我购运。

光绪三十一年十一月初五日收差委道钱鏐、候补府于驷兴节略一件

奉省盐务铁路购地及吉江两省铁路交涉等因由

光绪三十一年十一月初五日收奉差委道钱鏐、候补府于驷兴节略称:一、奉省盐务系属大利,自主之权亦最完全无缺。惟自日俄开战而后,上年七月有日商手塚辰次郎以军中需盐为词,并称奉其驻扎盖平军政官高山公通之谕,在我盖平所属二、三道沟,红、蓝旗场等处插标包买滩盐,不准华官收税,经督销官盐局总办章道樾力争而罢。本年四月,又有自称金州军政署人员日人村野至复州所属之交流岛办理盐捐,声言该岛均归伊国管辖,不准复州盐局过问。复经章道会同省城交涉局向驻沈日军政官小山、日将福岛分别商辩,乃小山答云,此是外交问题,非总司令所能办理;福岛答云,金州军政不归驻沈总司令部管辖,应由北京外务部与驻京日本钦使商办各等语。寻由章道禀经军督宪,咨部核办。似兹一再搅

扰,其用心可想而知。查旅大租界以内所产之盐,从前本省曾议每年以银万两尽数包买。正在商论,战事遽起。闻该处每年出产若干包价万金,虽无嬴(赢)余,亦不吃亏。而俄人意在稍增,故久而未协。为今之计,似仍以尽数包买为上策。虽多给价值,亦不宜惜。盖不早断葛藤,不惟日后枝节横生,且既有租界之盐为媒,将来即非租界者亦必皆附以内灌,而各国商约洋盐不准进口之说恐将成为虚文。非徒本省大利所关,尤虑一蚁溃堤,因此致坏各省盐务大局也。

一、东三省铁路购地初未议有限制,原勘各处车站本已不小,当时即有建筑洋城之谣。庚子乱后,益复乘势展拓。黑龙江省附近之富拉尔基、吉林之哈尔滨①,皆占地不下数十里,余站可以类推。奉省力与磋商,请其少购,而怀德、开原、铁岭、辽阳各站原占、续占已均在万亩以外。省城车站再四议减,尚占九千余亩。厥后二十八九年间,盖平、熊岳、海城、大石桥等站,四平街至辽阳十一站又有两次续展之事。虽称后不再买,辄屡自食前言。现在似宜坚定章程,无论日路、俄路,均不得再行占买,以免日展日广,致有喧宾夺主之虞。再,庚子以后,洋商多有于各车站附近地方私向民间购买房地。应另行妥拟办法,严予禁止,以示限制而杜后来。

一、吉江两省向设有铁路交涉局,庚子乱后重订新章,该两省铁路公司各事,凡属铁路通事、服役工匠,并承揽各种料件工程之人,以及居住铁路路界内各色华人,有与径涉牵涉之事,均归哈尔滨总局定断办理。倘遇关系重大,有干中国例禁,与铁路现立章程

---

① 当时哈尔滨为吉林将军辖地。

相背之案,如命盗、犯上、聚众、强奸、窝匪、故烧房屋、贪赃、纵匪等等,以及窃盗逾中钱三百吊者,无论犯事距哈远近,均归哈总局查核办结。第八条内称,总局总会办之任关系重要,必须详择,凡遇委派更调,应由将军与总监工预先斟酌,总宜彼此确知为贤能之员,熟悉铁路事宜,方可委任。又称,总分局各委员责成该总办选择公正廉干、善办交涉之人,与总监工商妥后,禀请将军加札各等语。详核其意,交涉一切裁判既统归哈尔滨总局,而总局总会办委派更调须与总监工斟酌,即分局委员亦须与总监工商妥方能札委,是铁路交涉上行政司法之权全由总监工主持,将军不过坐受其成而已。维时俄员持此已定之章来商,奉省事同一体,颇难挽回。再四磋磨,于第二条增以除斩、绞、徒、流以上之罪详请将军、府尹定办,其余案件归总局定办。第八条改为委派总会办及更调总会办但应预先知会总监工,余如委员一节删去未议。此奉省补救情形也。现在局势变迁,似可将前项章程一律作废,另行妥订新章,俾复主权而免牵制。

光绪三十一年十一月十五日收吉林将军达、黑龙江将军程文一件
具奏正折密件附折同知宋小濂赴部备顾问各折咨呈由

光绪三十一年十一月十五日收署吉林将军达、署黑龙江将军程文称:案照本署将军于光绪三十一年十月二十五日恭折具奏为沥陈东省中俄交涉善后情形请旨饬部及时核议厘订藉图补救等因一折,又同日附奏拣派试署黑龙江海伦厅直隶同知宋小濂赴部以备顾问等因一片,除俟奉到朱批再行恭录咨呈外,理合钞粘原折片,具文并交该直隶同知宋小濂赍呈大部,谨请鉴核备案施行(计抄粘原折片一纸)。

照录原折

奏为沥陈东省中俄交涉善后情形请旨饬部及时核议厘订藉图补救恭折仰祈圣鉴事：窃维东三省兴修铁路后，凡路线所经之地皆华俄杂处之区，为近世互市一大变局，其情形本与通商口岸不同。迨庚子俄军入境，益复喧宾夺主。退兵之议去决，俄日之衅旋生，泯泯棼棼，以至今日。现在两邻和成，长春府南至旅顺之铁路归日经理，府以北铁路归俄经理，东三省地面仍交还中国。俄报刊布，中外咸知，信如斯说。铁路划分界限旧约必多变更，所谓交还地面之言亦恐毫无实际。故等前将筹拟铁路全局大概情形附片陈明，盖非此不能伸自主之权而挽积重之势也。兹再谨为我皇太后、皇上缕晰陈之。

一、请设总办大臣。查东三省铁路原约中俄合股，由道胜银行承修，本名为东清铁路。朝廷未尝以地假俄，俄亦未尝假地于我也。是以特派大臣为总办，凡关涉铁路事宜，该公司禀承总办核定。公司所用图戳则标用汉文，旗帜亦绘龙形，深得《春秋》"实与而名不与"之义。自庚子乱后，铁路归俄武营经理，公司悉听营中指挥，竟置中国于局外，几于名实俱去矣。等前奏请于哈尔滨专设道员一缺，固为挽回利权，然不过办理吉江两省交涉，而于公司仍难事事干预，且于日本经理之铁路不能过问。应请简派总办东三省铁路大臣一员，总揽铁路全局，遇事由其主持，以专责成。

一、稽查修路本利。原定铁路合同第十二条内载，自路成开车之日起三十六年后，中国政府可以按计所用本银并因此路所欠债项及利息照数偿还。其公司所赚之利除分给各股人外，如有赢余，应作为已归之本在收回路价内扣除等语。铁路用款浩繁，本多弊混，若迟以岁月，愈多葛藤，恐三十六年后中国虽欲取赎无从着手。应请自开工之日起至修路六年限满之日止，所有路工用过银钱数目由总办大臣饬令银行造具销册存查。其限满以后，公司所得赢余由银行按年册报总办大臣，以为将来扣算归本地步。

一、商订关口捐税。原定铁路合同虽有运货应照各国通商税则分别交纳，进口、出口正税较税则减三分之一交纳一条，而俄商则以未奉彼国示谕为词，不服查验；华商则又以俄人为护符，隐漏税款。将来如何分别洋商、华商，征收出口、进口各税之处，应请查照原订合同，参酌各国通商办法，重订专约，藉塞漏卮。至铁路界内华人商务悉由中国主持，仍按华例完纳捐税，俄人不得干预阻挠，以维利权。

一、商派俄国领事。公司系属商务，不应管理词讼。前总办铁路公司大臣许景澄因俄无交涉专员，是以许给总监工代办词讼职权。前吉林将军长、前署黑龙江将军萨更订铁路交涉局章程，亦因之皆系一时权宜之计。应请俄国政府特派领事官一员驻扎哈尔滨，会同关道专办华俄交涉词讼，公司一概不得干预。并参酌各国领事官办法，另定约章，即将前定章程声明作废，以免公司争执。

一、限定占用地亩。铁路历年展占吉江两省地亩，每一火车站多者数万亩，少亦数千亩，皆非公司势所必需，不过以铁路为名设肆招商，坐收地租之利。计自哈尔滨南抵长春各车站廛闾扑地，已成确不可拔之基。中国之力既不能隳其成功，而俄又以压力行之，有不得不勉从其发价之请者，并时势使之然也。此外，自哈尔滨东至绥芬河，北至满洲里，虽已埋桩指界，尚未一律修齐，曾经历任将军及等迭次力争，公司置若罔闻。惟地价尚未交由华官发给，犹可设法挽回。应由总办大臣核定，除各站经官发价之地毋庸置议外，其东路、北路按照现有各车站大小酌定占地多寡，只须铁路敷用,作为公司租界,其溢于定数以外之地商令退还。并订明嗣后无论何时,永远不准再展。

一、约定护路俄兵。俄国护守铁路之兵,势不能责令与前敌战兵一律撤退。惟兵数须有限制,界限尤贵分明。应先行明定章程,凡每车站护兵若干,不妨报知总办大臣稽核。如铁路界内潜藏华犯,由华官知会俄官协拿。其路界外警察缉捕,乃系中国专责,俄兵不得越俎,以免骚扰。

一、禁止俄商占地。光绪二十七年铁路公司三次展拓哈尔滨总车站界,占地过多,经长争之逾年,始将沿江傅家甸一带索还。而在先已有俄商盖房生理者,阻固无及,遂未能从,而置之非得已也。虽曰事出权宜,难保俄不援以为例,更难保各国商人不援俄以为例。将来换定新约时,应将嗣后俄人不得越铁路界外租占华地违者有罚特别声明,以免再生枝节。

一、另定行船约章。原约本有黑龙江、乌苏里河只准中国、俄国行船,各别外国不准由此江河行走一条。此指两国交界处共管之江河而言。今则商务开通,俄人更以铁路运料为名,凡中国界内江道被(彼)亦任意驶轮,无从阻遏。而原约又未议及收税,遂得藉口不服关卡盘查。应详细商定黑龙江、松花江行船约章,俾俄商咸就范围,而课税无虞隐漏。

一、盘查俄国匪类。铁路成后,四通八达,俄人出入于东三省无异户庭,而其国之无业游民因遂溷入华地,勾结不肖通事,偷窃抢掠,无所不为,实为地方之害。应商明嗣后俄人来华须有俄官发给凭照,于入中国第一关卡听候华官查验放行。倘不服盘查或无凭照者,准华官拿交俄边界官或领事官严究惩办,以遏乱萌。

一、索还备战各地。日俄开衅之时,俄人每于扼要地方节节挖壕沟,砌炮台,添筑马路、车路,任意占毁民地,战事方殷,虽阻之不顾也。目下和局已定,所占旷野之地尚无虑久假不归,所虑车站附近各区,昔日欲占而无词者,今必将据为己有。应先与定明,凡因战事占用之地,仍应归还地主,公司不得藉此接占,以恤民艰。

以上各节,均系吉江两省中俄交涉必不可缓之图。其奉省铁路既归日本管理,交涉一切当亦亟宜厘订。诚能乘此大局甫定,斟酌变通,与之更始,虽痛深创钜,往者已不可追,而亡羊补牢,及今犹未为晚。救弊起衰,系此一举。合无仰恳天恩,饬下外务部通筹全局,照会日俄政府及驻京公使换订新约,庶几遇事得所遵循,主权利益不至尽为所持,则臣等幸甚,大局幸甚。所有吉江两省中俄交涉善后亟应速筹补救缘由,谨合词恭折密陈,伏乞皇太后、皇上圣鉴训示。

再,此折系德主稿,已于十三日拜发,至哈尔滨车站被人窃去,照稿另缮,合并陈明。谨奏。

再,自俄日构衅,京外消息隔绝不通,交涉为难情形有非奏牍所能罄者。臣等现已拣派试署黑龙江海伦厅直隶同知宋小濂咨送外务部以备顾问,理合附片具奏,伏乞圣鉴。谨奏。

光绪三十一年十一月二十五日收黑龙江将〔军〕文一件
瑷珲难民归业应通知俄政府声明仍归中国版图治理由

光绪三十一年十一月二十五日收署黑龙江将军文称:案查瑷珲官民归业一事,当庚子乱后,俄兵部尚书古鲁巴克金、玻璃①总督格勒德克夫先后道出齐齐哈尔车站,经瑷珲避难官民勾纪修等

————————
① 玻璃,即伯力。

约集多人联名吁恳,俄督实已先允许副都统及官民人等一体归业,照旧治理地方。因而前萨将军商允驻省廓米萨尔专派协领桂陞带兵来往护送,第鉴于二十六年之衅,特声明瑷珲城(即旧城基)、萨哈连也(即大黑河)、漠河庄(即漠河金厂临江口局)、绕德绝屯(即观音山)、第四之山洼(即桦皮沟)等五处半径周围各三俄里暂不准华人居住等语。是时中俄和议尚无成说,三省各不暇顾。二十八年四月十九日接准钦命议和全权王大臣来咨,会同俄使雷萨尔议定交收东三省条约四款,遵旨画押咨行到江等因。查第一款内俄国声明允在东三省各地归复中国权势,并将该地方一如俄军未经占据以前,仍归中国版图及中国官治理等语。其时果有主持之人乘机布置,未尝不可规复旧制。惜拘于来咨,有虽已画押,尚未互换,请暂勿宣布之句,置未与议,遂至延搁。二十九年夏间前萨将军任内,据驻省廓米萨尔文称,回瑷之民俱归副都统管辖,请暂留副都统在省,商酌瑷民回籍各事。此机一失,即无提议之日矣。先是,该城避难官民侨居省城者计四万余人,贫难自给,卒至聚众喧闹。两次发出银钱,或作为接济,或作为抚恤,而于归业一事仍未办也。迨至本署将军抵任,日俄兵衅已开,玻璃总督亦已更调,时势为之一变。叠次晤商驻省外部官珀珮、前廓米萨尔玻柯大那夫电请该国政府,均以战事正紧请从缓议为词,难于着手。益以协领桂陞、防御吴春喜昧良罔上,不顾大局,经前署将军达会同本署将军查明请旨,分别严办,一面于该城设立善后分局兼办交涉等事,派副管奎庆为总理,六品官纪修等为帮办,带同员司前往三道沟地方设立公所,布置一切。该处即俄所指三俄里以外,预为副都统回瑷办公地步。一时避难之民陆续复业者约两万余人。嗣以人数既众,需粮自多,因派员饬提呼兰官仓小米一千石,雇觅轮船由松花江运至乌苏里江溯流而上,载往瑷珲囤存,为该处赈粜之用。事机正在顺手,讵有人指称为日本要设粮台,密耸俄听。于是黑河廓米萨尔陆丙磋夫藉称奎庆等未经俄国政府承许,不能驻瑷为词,威迫出境,退驻距瑷百里之二台,逼令纪修带兵四名留瑷,立时发放谷米。该员坚持未允,转而勒令乡民分领,亦复抵死不从,其事遂寝。此上年冬间事也。本年五六月间,青黄不继,经纪修禀准,查明赤贫、次贫,陆续发放小米五百余石,民情尚安,秋收亦称中稔。本署将军叠次遗书纪修,饬令相机因应,以待战事和局。顷闻日俄议约画押,准北洋大臣袁电,告俄政府声明满洲地方归还中国自理,并不损碍其主权等语。接电后,立派交涉局总办黑水厅同知郑国华往晤驻省外部官珀珮,将瑷珲交涉郑重开议。据珀珮答称,庚子乱平,俄兵部尚书、玻璃总督、黑河巡抚暨边廓米萨尔等均系主兵之官,因瑷珲系首先开衅之地,得以有权干预。假使当时江省能照议行事,又复何说之词。今虽事过情迁,焉知俄督抚不以战权自居。为今之计,或请华政府牒告俄政府,请其奏准俄皇饬下东海滨督抚,宣明瑷珲应归中国自主,俄人不得干预,或由华政府与俄朴(璞)科第就近直接商办,庶可有济。然此非予所应言。辞色之间,殊形顾虑等情,由郑丞国华面禀前来。查庚子定约,曾经俄国声明不占满洲土地;此次日俄和款,又申明并不损碍中国主权,是瑷珲归业官民俄固不得越俎也决矣。然黑河固毕尔那托尔等强自干预,质之珀珮所言,亦未必无因。亡羊补牢,机难再缓。相应备文咨呈大部,俯念瑷珲难民既已陆续归业,不可无官治理,应请通牒俄政府及驻京公使,以不占土地、不碍主权为词,向之声明:瑷珲副都统即日回瑷,速将瑷珲地方一如俄军未经占据以前之中国版图悉数收回,以便安插该处难户各归本业,不得有所阻止,以为两国重敦友睦之凭证。是否有当，谨请鉴核。

光绪三十一年十一月二十五日收黑龙江将军函一件
拟请旨以鄂龄署瑷珲副都统前往布置由

光绪三十一年十一月二十五日收署黑龙江将军程德全函称：窃维两强战熄，江省善后问题自以收还瑷珲为尤要。查庚子中俄议约退兵交收东三省和款，第一条内俄国声明允在东三省各地归还中国权势，其各该地方一如俄兵未经占据以前，仍归中国版图及中国官治理等语。前月接准北洋大臣袁来电，日俄和款俄政府重复申明不侵碍中国土地及妨碍其主权各等语。是爱（瑷）珲官民之归业，本为中朝自有之主权，无劳他人越俎。惟现署该城副都统春山年逾七旬，屡病乞休，一因接替乏人，一因战端未已。兹幸奉调来江差委之花翎候选道鄂龄业已到省，该道留心外交，长于肆应，前在吉林府任办理交涉，不激不随，悉臻妥善，①后为难情形另备公牍，咨呈冰案。遥计公文到日，此间即与驻省俄外部官开议。如事机顺手，即由署副都统督同协、佐等官前往该城布置。倘彼族别生异议，致向政府哓哓，届时惟乞据约主持。即以此次日俄和款而论，俄政府当亦无词。盖瑷珲一隅为江省东北门户，此时若不竭力收还，则以后更无可开议之日。况幅员日蹙，江省恐更有逼迫之虞，伏乞鼎力维持，随时指示。所有该城一切事宜，自当与署副都统和衷妥商。无论如何棘手，必以收还地方为目的，庶足纾朝廷东顾之忧。愚昧之见，伏维采择施行，大局幸甚。

---

① 善字下据夏润生编注《徐萧霖集》所收《上外务部论奏派副都统接收瑷珲布置善后》（长春：吉林文史出版社，1989 年，第 204 页）有"拟请旨以该道署理瑷珲副都统，一将该城善"等字。

光绪三十一年十一月二十六日收军机处抄片一件
程德全奏瑷珲善后一片奉朱批外务部查核办理钦此由

光绪三十一年十一月二十六日收军机处抄片称：江省自庚子乱后，旗民人等不免流离，而爱（瑷）珲一城独遭蹂躏为尤甚。奴才昔在京师条陈六事，诚以此为当务之急。及奴才与前署将军达桂先后到任，与俄员极意婉商，始允派员前往办理交涉、善后各事宜，以为督率旗民之计。而俄人互相推诿，在司各员卒被牵制，计旗民归业者不过十之四五，而副都统仍驻齐齐哈尔省城办理旗务。屡与俄员商办，几至舌敝唇焦，未能如愿以偿。现在和议已成，正宜及时商办。应查照二十八年四月俄前驻京公使与全权大臣所订之约，速将爱（瑷）珲地方一如俄军未经占据以前之中国版图悉数收回，以便安插该处难民，俾令复业。奴才忝受国恩，绝不敢事处万难，意存推诿。惟驻省武阔（廓）米萨尔不能主持，东海滨暨阿穆尔俄督抚亦置之不理，拟请旨饬下外务部就近与俄驻京使臣会商，抑或电饬驻俄使臣与俄外部直接商办，务以就我范围而后已。一面由奴才派员随同该城署副都统携款前往赈抚，该城各衙门亦即次第兴修。如此则旗民可赋来归，而元气亦可渐复矣。光绪三十一年十一月二十五日奉朱批：爱（瑷）珲一事，着外务部查核办理，钦此。

光绪三十一年十一月二十七日收吉林将军文一件
附奏派方朗赴京以备顾问日俄议约事一片抄稿咨呈由

光绪三十一年十一月二十七日收署吉林将军文称：案照本署将军于光绪三十一年十一月初七日附片具奏为日俄到京议约饬派吉林分巡道方朗赴京以备顾问等因一片，除俟奉到朱批再行恭录咨呈外，相应抄粘原片备文咨呈。为此咨呈大部，请烦查核施行（计抄粘原片）。

照录：再，吉省自庚子后，俄人未能践约如期撤兵，办理交涉已极为难。迨日俄战事肇兴，一切棘手情形尤难言罄。兹幸两国和议有成，而善后各事牵涉东三省者甚大。闻日俄现各派使臣到京议约，所有吉省情形应即派员赴京以备顾问。兹查有现任吉林分巡道方朗，熟悉情形，善持大体，且本系兼充哈尔滨铁路交涉并省城交涉局总理之员，于外交一事尤为洞澈。除咨送外务部查照外，理合附片陈明，伏乞圣鉴。谨奏。

论满洲善后案

厅/司			科		类共计	件	编	
总事由				论满洲善后案 光绪卅年六月驻日杨大臣函陈东三省善后政策并译呈各报由。				
年	月	日	收	发	某机关文	事　　由	原件	
							字	号
光绪卅	六	十三	收		驻日杨大臣函	详陈东三省善后政策译呈各报及催总领事早日回差由		
					附录再启	催横滨总领事渠本翘早日就道否则回堂另派由		
					附录译报	中村博士论满洲归还中国由日本派兵代守由		
					附录日俄战纪	载日俄海陆各战由		

光绪三十年六月十三日收出使大臣杨文一件

详陈东三省善后政策译呈各报及催总领事渠本翘早日回差否则回明堂宪另派接充由

光绪三十年六月十三日收出使日本大臣杨文称：昨寄第四十二号一械，亮承青及。近有日人中村博士著一《满洲善后说》，登于各报，大意谓将来满洲各土仍隶于中国，而满洲全部之地应为日本所租借。盖欲以中国之领土行日本之主权，凡一切政令均归日本人布置，日本军队永驻满洲代守云云，且引埃及、土耳其前事以为之证。查中村博士乃国际法大名家，平时所著议论日政府每采用之，此说尤为动听，恐日政府将见诸施行。所以近派大山岩为满洲军总司令一事，各报多著微词，谓总司令之名将来恐有改易，是此意①。以枢愚见，日本如得满洲，若蹈俄之辙占据为己有，是自食其言，为公论所不容，各国必出而干预，非日本之力所能制。日本政府明于事机，谅不敢出此，而驻兵代守之谋势所难免。果尔，则中国于满洲仅有领土之名而无领土之实，与占据相去几何。我中国欲遏代守之谋，似宜赶紧多练新军，以备专守满洲之用，庶临时自有布置，免彼藉口生心。窃料日虽强盛，而土地非广，人民非众，经此番血战之余，财力未免竭蹶。己国之兵备尚费经营，若再代守满洲，则须多增师团，广蒐军实，事势甚难。苟非万不得已，亦岂愿为此勉强举动。然中国必须实有自守之兵力，使俄人不敢窥伺，庶可望日人之迁就。否则仍驻兵代守，而驻兵之费必向我要求，殊可虑也。蒭荛之论，未审执事以为然否？兹将各报译录一帙寄请浏览，并乞转呈堂阅。肃此，敬请均安。

---

① 意字下恐有脱漏。

附录再启　催横滨总领事渠本翘早日就道由

再肃者：奏派驻札(扎)横滨总领事渠本翘于本年二月禀请给假三月，内渡省亲，业经照准，并咨明钧部在案。兹查该领事假期将满，而接伊来信，谓双亲年高，不欲伊远离膝下。思维再四，殊难兼全，应俟假满再作区处等语。现已函覆该领事，劝其一俟假满务必回差，以副堂宪恩植。仍恳(恳)诸公力为劝驾，促其早日就通(道)。如果该领事决意不回，即请回明堂宪，另派人员来东，以接该领事之任，实为公便。此渎，再请台安。贵同寅均此致候。

附录中村论说　论满洲归还中国由日本派兵代守由

照录译报

日本国际法大家中村博士对满洲善后说

自日韩议定书成，朝鲜既归我(我字，日本人自称，下仿此)掌握，迩来海陆连捷，满洲更指日可平。将来该地之处分如何，每为世界君相之疑问。盖以归诸清国，无力自守；占诸日本，其名不正，于是有为满洲永久中立之说者。不属某国之领土，不容某国之侵凌，一若为世界之公共物者而永弭兵衅，其策非不善也。但非得各国之承认，虽有永久中立之名而终不免冲突之虞也，况如包藏祸心、跋扈飞扬之俄罗斯乎！是不可不忧也。且观今日时局，德法二国必不乐认清国之边陲为永久中立者。观德之称雄于山东，法之耀威于安南、广州间，已洞若观火矣。德法既未必承认，英美更难独任。故曰，满洲永久中立策未见其真能施行也。然则日本对满洲之善后处分将如何？曰满洲之领土仍隶于清国政府之下，而满洲全部之土地实为我国之租借。以清国之领土行日本之主权，凡一切行政归于日本人之布置，日本军队永驻彼地，然后满洲之土地方得长治久安也。此非我杜撰之见解，研究国际史乘，实有前例可援者,试述如左。

西历一千八百七十七年,以巴斯尼耶、海耳制可凡那两地之叛乱而起俄土战事。该两地实为土耳其之领土,而为俄罗斯所思蚕食者。厥后俄土讲和后所以不归于俄者,恐列国执军势之说也;又不归于土者,为土国无自保之力也。故终以该两地隶于墺国①行政主权之下。当西历一千八百七十八年伯林条约会议之时,各国卿相莫不韪之。

又,西历一千八百九十九年一月,英国与埃及国为苏丹事件而订条约,撮译其类似者如左:

该条约第二条:

在苏丹水陆之人民可用英埃两国之旗章。

该条约第三条:

苏丹军士(事)上、内政上最高之权力惟苏丹总督是掌。

苏丹总督务经英国政府之同意认可而后由埃及王敕命。

该条约第四条:

苏丹以改良行政之故而动用地方财产,惟总督全权之命是从。

该条约第八条:

裁判管辖权除土阿克恩市以外,莫不受治于苏丹总督之法律命令。

他国若欲派遣领事与外交官驻札(扎)于苏丹地方,非得英国政府之同意认可则不得往。

苏丹之例较巴斯尼耶、海耳制可凡那之例为宽。我日本之对满洲政策或仿前者例,或仿后者例,是在外交当局者之权衡。窃意

---

① 墺,即日文中对奥地利的简称。

此事既非俄国所能干涉，更非其他列国所能容喙，仅与清国政府折冲于樽俎之间，洵非难事也。

附录日俄战纪　载日俄海陆各战由

日俄战纪

日兵于六月二十一日（即华五月初八日）占领熊岳城，该城俄兵甚少，不战而退。

俄国步兵一联队、骑兵二联队、炮兵一中队于二十二日由赛马集前进，攻击暖阳边门之日本一部队，各有死伤。

二十三日，战（俄）国战舰六只、巡洋舰五只、驱逐舰十五只相率出口，日本军舰迎击之。午后九时，日本水雷艇队发射水雷，大约可以击沉俄国战舰一只，损伤巡洋舰二只云。日本驱逐舰一只、水雷艇三只受伤。

日本陆军于二十七日午前五钟起与俄军激战至十一钟，遂占领岩岫（岫岩）西北之分水岭地方。俄军向枥木城方面退却，日军死伤者约百余名。

伦敦电，俄国以浦盐斯德为根据以展其太平洋之新策，约大略可以成功。又，司枯利脱尔夫受命组织守备队一万人，且于浦盐斯德舰队中加入多数之水雷艇队。其水雷艇若干只已由铁路运往浦盐斯德，并运去机器甚多。浦盐斯德舰队之主旨专在游弋日本北方海岸，以牵制日本进攻旅顺之势。旅顺若能久留残喘，则秋间波罗的海舰队到东时即可协力进取云。

日英同盟及论经营满洲案

厅/司　　科　　类共计　　件　　编								
总事由	日英同盟及论经营满洲案 光绪卅一年四月驻日杨大臣函述日本政党议论关于东三省善后政策并附译件由。							
年	月	日	收	发	某机关文	事　由	原件	
							字	号
光绪 卅一	四	初四	收		驻日杨大臣函	详述日本政党议论关于东三省善后政策由		
					附录日英同盟继续论后	天野博士所论谓日英同盟断不可不继续由		
					附译户水博士论著	论满洲宜还中国开放于世界并东清铁道宜让与日本及驻军队又旅顺青泥洼租地亦让与日本由		

光绪三十一年四月初四日收驻日本杨大臣函一件

详送日本政府策及建房不另请款由

光绪三十一年四月初四日收驻日本杨大臣函称：昨肃上第八十号函，计登青览。日本大隈伯爵在早稻田大学邀集诸博士聚议善后政策，前上第七十四号函业经奉布。其所议之策近已出版，其书名曰《战后经营》，言内政者十居七八，论外交者十居二三。所谓外交者，东三省善后其一也。此等议论，本属诸博士研究时事之私言，并非该国政府之主见。惟立宪之国颇重政党，凡内政之兴革损益、外交之进退离合，常决之议院。近来日本政党中最有势力者，惟进步、政友两党。大隈伯，进步党之领袖也，其校中所聚博士大抵皆其党徒。此辈入则多为议员，出则常为政党，故其所议虽未必悉见诸施行，然政府亦时加采择，固其国体使然，亦集思广益之一道也。日人因连战胜俄，侈然自大，其中不无希望过奢、措词失当之处。惟知彼之所欲要求我者愈详，斯我之所以策应彼者愈密。谨将其关涉我国东三省者译录一帙以备参考，统祈转回堂宪为叩。祗请均安，惟照不一。杨枢顿首。三月十八日。

日字第八十一号　计呈译件二帙，贵同寅均此致候。

附录日英同盟继续论后　论日英同盟断不可不继续由

照录书《泰晤士》日英同盟继续论后　日本天野博士者（著）

曩日英国自由党欲代现内阁组织新政府之说倡，《泰晤士报》曾就日英同盟问题而论及之，曰：日英同盟，我世界政策之枢轴也。虽缔结以来时日尚短，而效果极大。据现在以测将来，效之益大可以预决。然是约也，自始迄终不过五年，至来年一月同盟之期业既圆满，存耶废耶，当豫决定。吾英国民立要路者曰自由党，涉此问题持何方针不得而知。而吾侪小民为日英两国之利益，又为世界之平和起见,窃谓同盟条约不可不永久继续。假令无此同盟,日本将立于如何之位置乎?日英利害相共之状态又列国之现在关系果如何乎?为日本者不外两策,一服从俄国之要求,二与俄国开战。二者孰出,在乎日本。然使日本由后之策,则英国加入战争终不能免。何以故?不加入战争,则于极东之经济、商业、政治皆将失坠。故不宁唯是,即英国势力之及于全亚者暨与美国同心主持门户开放之信用,亦将因此而失坠。又使日本由前之策服从俄国之要求,则英俄战争亦不能免。何则?日从俄之要求,则俄国并吞支那之势成,太平洋岸俄之主权确然屹立,而极东之主要市场举为俄国及其友邦所闭锁。如是则世界最强之英国决难相让,势不至仗剑驰马,排除俄国及其友邦之势力不止。又设日本无此同盟而与俄开战,是其战直引火之导线耳,乌足恃?由此知限定战局使列邦严守中立,并得防止畴昔欧洲同盟之再起者,皆日英同盟之为也。前事不忘,后事之师。今而后欲外交之成功,则日英同盟之继续万不可少。盖以吾曹所观目下国务之中,无若日英同盟之为急者。自由党宜自为其党计,并为国民为全英帝国计,明宣日英同盟之继续,以解国民之惑。吾曹固热心主张日英同盟之继续者也,而于今有力之《泰晤士报》闻此热心之继续论,吾曹实不胜愉快。《泰晤士报》曰,日英同盟,我世界政策之枢轴也。吾曹亦曰,日英同盟,日本外交政策之枢轴也。盖今日世界外交之趋势在于亚细亚,尤在于极东,列强之外交政策莫不以极东为根本而操纵之者,职是故也。我国对外政策在乎保全支那,实行门户开放主义,而英美两国对亚政策之大方针亦实在于门户开放。若反对日、英、美三国之政策者,俄之外有德若法。故当此大政策之实行,日本一国之力不足也,英国一国之力亦不足也,惟日英同盟始能为之。故《泰晤士》以此同盟为英国外交之枢轴,而吾曹亦以之为日本外交之枢轴也。至夫日英同盟之效果之较著也,《泰晤士》言之殆无余蕴。所欲赘一语以申明之者,即将来支那之保全及门户开放之大利益,唯日英同盟乃能确保之享受之。若同盟废,则此大利益俱废,而弊害存,东亚之风波将复兴起,而平和无望矣。是故日英同盟断断乎不可不继续。

附译户水博士论著　论满洲宜还中国开放于世界东清铁道宜让与日本并驻军队由(十页)

照译户水宽人博士论经营满洲事宜

总论

日俄交锋,我国开辟以来未曾有之大事也,而其故不外因朝鲜、满洲而起。今也朝鲜将为我保护之国,其问题大纲业既粗定。若满洲问题尤重且大,虽曰战争结果之后始得确定而论决之。要之,我国牺牲多少民命,耗费亿万财产,以与俄国争死命于旦夕、赌国力于须臾者,固非漫无布置也,苟不于此时求满足之结果,更将于何时求之?盖自开战伊始,即隐伏此事件于其中。此满洲问题所以不得不视为重大问题也。余于本年七月一日发刊《太阳》报①所论帝国战捷后要求条件,未几而此事之意见大体遂腾播于欧美新闻。其后纽育某大家评余说曰,日本未取旅顺,未破古罗巴根,遽于此时论满洲之问题,亦戞戞乎其难。一时舆论沸腾,论者尚疑日本之实力不足以敌俄人嚣张之气,以为纵令日本军队能制胜于一时,而计及全局,终恐无以善其后者有之;又以为纵令日本军队全胜,而筹及财力终让俄国以独步者亦有之。此等见解,不独欧美

————————

① 《太阳》报,实为《太阳》杂志。

诸国之疏于我国实情者为然，即我国士夫之舆论亦不无以此出诸口者。不知开战之始，日本政府早已通盘筹算，经营惨淡，若操左券，是以一战而扩张海权，再战而恢复陆权。再接再厉之余，俄人胆破心惊，望风瓦解，此岂侥幸而然哉！至于财力一途，旷日持久犹有坚实盈余之真相，彼外人见之当亦骇为意外也。又况旅顺陷落迫于眉睫，必不待波海舰队航到东洋之日。由是自满洲放逐俄军其为期绝非辽远，是则平和条约虽不知何时缔结，要之今日议论，满洲之问题殊非失之过骤。盖一以资当局者之参考，一以供国民及外人之指导，东洋之平和庶有望乎，世界之幸福庶有进乎！

第一，日本应将满洲还付清国。

日俄开衅，其直接原因实为俄国不认满洲之清国主权，是以帝国仗义兴师而不辞。盖俄国若侵夺满洲主权，久将据为领土，则于东洋之势力大失平衡，其结果必至并吞朝鲜，此世界所共认者也。不观俄国昔年之举动乎？彼派遣威伊帕士皮耶鲁布罗夫公使等至朝鲜，欲令扰乱朝鲜之政界，一再恣肆，渐进不止。又〔不〕观其曩日之狡诈乎？彼夙包藏野心，欲令朝鲜无数之人民悉归化于俄国，以施其种种诡谋之手段，证迹历历早昭然在人耳目矣。然则未占领满洲以前，其举动既如此；设若满洲归其掌握，浸假而并吞朝鲜，浸而割取直隶，又何容疑者？余先年游历满洲，入北清、蒙古，见夫俄人利用牛庄、天津等处之铁道，于其间随处俱筑停车场，工料无不坚固耐久。此等铁道原系造于明治三十三年北清事变之际，当时俄人之谋画，欲将其铁道悉收入手中，其后因遭英国等之阻梗，遂不能达其目的。然而俄人之欲望，依然抱永远领有一部之野心，此又不可不虑者也。又尝考察天津之居留地焉，俄国之居留地在英法居留地之对岸，而接近伊大利国之居留地。自贸易上观之,则英法之居留地实占枢要,日本之居留地次之,惟俄国之居留地颇占不便之地位焉。顾吾思之,俄国何故选择此地位乎?是有故焉。彼殆欲向支那割取直隶省,于自己之居留地设一大停车场,而以天津为中心点也。抑犹不止此。其经营铁道也,由喀库多经库伦横断蒙古,达至张家口,更延长而至于北京,此亦不可掩之事。实余先年越张家口考查蒙古之哈诺鲁博多哒及察哈拉克等之土地虽属沙地,然敷设铁道毫无障碍。询诸土人,则谓此以北亦无不然。又见某杂志载俄国欲由哈尔拉路之边沿兴安岭至张家口,有敷设铁道之计画云。此书之信伪虽不得而知,要之,俄国敷设横断蒙古铁道之后更延长而至于北京,则断为无疑。夫俄人之汲汲然经营此铁道,其注意果何在哉?盖欲逞其恫喝挟制之手段,一朝有事,因铁道之便,风驰雨骤,朝发夕至,不难乘势以兵力压倒北京政府耳。是知俄国之所以占领满洲者,其蓄谋不止于并吞朝鲜,一转而割取直隶省,再转而以北京政府为彼蹂躏之根据地。由是经营擘画,不遗余力。其在满洲也,对己国之商品则减低其税额,对他国之商品则增重其税额,又或禁止输入外货为闭锁港口之谋,此亦必然之事势矣。吾思至此,吾窃虑焉。故曰,俄国占领满洲,阻害东洋平和之尤甚者也。帝国仗义兴师,亦不外维持东洋之平和,增进世界之幸福而已。虽然,我军若占领满洲全部之后,他日击退俄兵,战局大定,又当以满洲还付清国也。

第二,满洲应开放于世界。

以上所述,既谓应以满洲还付清国矣。虽然,还付云者,非苟且从事之谓也。若徒以满洲还付清国,此后遂以为无事而愢置之,

非但不能维持满洲之秩序,更恐第二、第三之日俄战争相继而起,
则所谓维持东洋之平和、增进世界之幸福者到底不能希望。故满
洲虽还付清国,又不能不开放门户。开放之后,欧美之人民大集于
兹,或宜筑设制造所,或宜开垦土地,或宜设立商铺,凡此者盛开满
洲之利源,是为世界列国之正义由勤勉而享受之,则所以增进世界
之幸福良非浅鲜。故持反俄国闭锁之主义而主张开放满洲之主
义也。

第三,东清铁道应让与日本。

满洲既开放之后,苟无平和之保障,一朝有事变,孰从而镇压
之? 是又不能不防祸乱于未然。姑无论其利源之如何丰盈,通商
贸易之如何殷盛,人人皆抱不安之念也。即维持满洲平和之主义,
亦终无以自明。夫平和之障如此其急,然则适于保障之任而又能
胜任愉快者谁乎? 是为日本无疑。此又世界列国所共认者也。然
而肩此平和保障之任者,苟非东清铁道为其所有,则此重大之任务
仍不能全,犹是意中之憾事。故余又曰,东清铁道应让与日本也。
按海牙条约所决定由第三条至第五十六条有关于铁道占领之规
则,略谓凡占领敌国之铁道直不能视为战利品,惟两国战争相持之
时则可以铁道作为自己所有之物而使用之。若战争既告终局,则
元来所有之铁道必不能不还付之等语。果如所言,我国战争时所
占领之东清铁道战后必不能公然视为战利品。而余谓东清铁道不
可不为我国所有,又何以自解? 无已,则战后特与俄国缔结条约,
令东清铁道由俄人之手让与我国,是不但于海牙条约不相抵触,抑
亦所以全平和保障之任务也。或谓东清铁道俄人若以私立公司之
故而争之,纵令日本与俄国缔结条约,仍不能认为日本所有,不知
东清铁道不必问其名义之为何,而按之事实上不啻显为俄国政府

之所有,不观其选派役员、派遣兵队驻扎于此地乎?且即为私立公司之所有,若先令俄国政府买收此铁道,然后令其让与我国,则决无不方便之处矣。要之,东清铁道必不可不归我国所有,此非过事要求也。盖实有不得已者在焉。

第四,东清铁道应派日本军队守备。

东清铁道苟为我国所有,则不得不派遣兵队驻守焉。是何也?盖一面压制马贼之跋扈,又一面防止俄军之侵入,此必要而不可缺者也。苟战后不添置守备队屯扎之,则马贼之跋扈势必日益猖獗,且难保持满洲之平和。转瞬观战后之俄国,又将待时而动,逞其顽强凶悍之手段。他日乘机卷土重来,欲恢复满洲,此亦意中之事也。是知添置守兵实为目前之急。或谓令清国自派遣兵队驻守何如?曰是不然。若令清国训练兵队以当此任务,迨其有实力实效,诚非一朝一夕所能为也。否则或自诿于不能,亦未可知。现今之清国兵既不足镇压马贼,又不足防俄军之再来,追溯日俄战争之原因,人皆共识。若训练清国之兵,恐未必能全此任务。然则舍我兵代守之外,将谁属乎?此殆事势之必然矣。

第五,旅顺、青泥洼之租借地应让与日本。

俄国曩时迫令日本以辽东半岛还付清国,其后俄国遂得旅顺及青泥洼之租借地,其契约亘至九十九年之长。乍视之则年数似属有限,熟视之,则其实不外欲视为永久租借地。故我军将来若得最后胜利之时,即将租借权让与日本亦不为过。若夫事权不属,或以旅顺、青泥洼之租借地属于他国,则我国虽屯置守备队于东清铁道,而极东军事上之主要部反令他国扼之。设若一朝满洲有变,到底不能完全而镇压之,亦到底不能完全平和之保障,此亦意中事耳。夫日本以保障满洲之平和自任,此世界所公认者。是故欲求满洲之利源开发,则必不可不将旅顺、青泥洼之租借地收入日人之手,是实所以增进世界列国之福利,即为东洋计,又实策之最得者也。

松椿
双福①

---

① 此二名疑为督修官、承修官、校对官姓名,但暂未在外务部官员中查实。

日俄和后日英新约案

厅/司					科　　　类共计　　　件　　　编			
总事由					日俄和后日英新约案 光绪卅一年八月日使照称日英新约已签定请将载各节细察并附 条约全文由。			
年	月	日	收	发	某机关文	事　　由	原件	
							字	号
光绪 卅一	八	二十九	收		日本内田公 使照会	日英新约已签定请 将所载各节细察由		
					附录约文	照录日英新订联盟 条约由		

光绪三十一年八月廿九日收日本内田公使照会一件

日英新约已签定请将所载各节细察由

光绪三十一年八月二十九日收日本国公使内田康哉照会称：所有明治三十五年正月三十日日本国政府暨英国政府所订联盟条约，本大臣遵照本国政府训条，于是年二月十七日所致第十号公文内将该约译汉文照送查阅在案。前因日英两国政府愿将该盟约从新改订，业于本年八月十二日将此新订盟约签定盖印讫。此次新订盟约较之原约，其可援用之界限更行推而广之，并其联盟之效验亦比前更为强大，于是享受和平之福所及界限亦颇见进益也。向者贵国政府执定与日英联盟原约内所载公正平允之义不相径庭之宗旨，而嗣后贵国政府亦必能续行与此次新订之约内所明载公正平允之义并行不背之政策，是本国政府固所信而不疑。夫如斯，匪独为贵国之幸，亦足为东亚大局之庆也，何待多辩。本大臣兹奉本国政府训条，除将该新约译汉文照达外，并祈贵王大臣将该约内所载各节妥细察鉴，是为切盼（附约文）。

照录大日本国、大英国新订联盟条约

日英两国政府愿将一千九百零二年正月三十日所订盟约从新改订，系为：

一、确保泰东暨印度地方之全局和平。

二、保全中国独立暨所领地土，并将在中关乎各国之商工等务均属平等取益之宗旨悉臻确固，以期维持在中国所享各国共同之便益。

三、保持泰东暨印度地方内联〔盟〕两国领地主权，并防护在各该地方联盟两国所有之特别便益。

起见，妥订各条款如左：

第一条　在日本国或在英国按照首段所开之权及便益之内，如有某项视为迫于危险者，则两国政府彼此知会，必须详密尽情即将被侵扰之权或便益应如何防护之办法共同商酌。

第二条　联盟彼此一国并非衅由自开，因被他一国或数国攻击，或因他一国或数国有侵占举动，在联盟此一国为防护本约首段所开之领地主权或特便益起见，竟致用兵之时，其攻击或侵占举动在何地肇端，联盟彼一国即当赴援，协力会战。至于议和，亦应联盟两国彼此意见相同，方可施行。

第三条　因日本国于政治、军务以及财务等事在韩国享有较他国格外相优之便益，英国允认日本国为将该项便益之事欲行防护或增益起见，应如何指导、监理以及保护之处，按照视为合理并切要办法，日本国有权施之于韩国。但此项办法于关乎各国之商工等务，必须平等取益之宗旨，不得有所违背。

第四条　因英国关乎印度国疆界安全之一切事宜享有格外切要关系，日本国允认在上开疆界附近，英国为防护印度领地起见，英国亦有权施行酌要办法。

第五条　联盟两国约定除彼此商允外，不得与他国另订或与本约首段所开宗旨有碍之约。

第六条　至于现在日俄战局，英国仍旧续行严守中立。倘或有他一国或数国会助与日本国用兵，则英国即应援助日本国协同会战。至议和之时，联盟两国彼此意见相同方可施行。

第七条　联盟此一国按照本约内所订应用兵力援助之各项情节以及如何援助之切实办法，由联盟两国陆海军该管人员妥为商酌订定。至于彼此利害相系之处，亦应由陆海军该管人员随时互相详密尽情商定。

第八条　本约但能与第六条所订不相违背,自盖印画押之日可立即施行,限定十年为有履行之效。迄十年限满十二个月以前,如由联盟两国彼此均不将欲废本约之意告知,则应蝉联施行。联盟彼此一国意欲将本约作废,则自告知之日起扣足一周年仍有履行之效。惟届此限满之日,联盟彼此一国适在与他国用兵之时,则本约仍应履行如故,至议和完结而止。

两国全权大臣兹奉各本国政府委任,于本约画押盖印以昭信守。

一千九百零五年八月十二日伦敦缮写两分。

　　　　　　　大日本国驻扎英国钦差全权大臣林董印

　　　　　　　大英国外务大臣兰斯唐印

日俄议和后中国开弛中立案

厅/司		科		类共计	件		编	

<table>
<tr><td rowspan="2">总事由</td><td colspan="8">日俄议和后中国开弛中立案
光绪卅一年九月总税〔务〕司函询日俄已议和中立各事应否开弛，俄使照请和约已批准兵船员弁甘结应作废并将该船安排机器军装，当即照复照办，函达总税〔务〕司转饬各关开弛中立，照达俄使上海烟台兵船可交收，日使亦已照。</td></tr>
</table>

年	月	日	收	发	某机关文	事 由	原件	
							字	号
光绪卅一	九	二十	收		总税务司赫德函	两战国议和所有中立各事应否开弛希酌示由		
		二十一	收		俄国阔公使照会	俄日和约现已批准请电饬上海等处将战时兵船官弁所出甘结作废并请将该船安排机器军装由		
				发	总税务司赫德札	中立条规一律开弛转饬各关遵照由		
		二十三	收		总税务司赫德呈	自本月十九日起所有中立禁令已饬各关一律开弛由		

（续表）

年	月	日	收	发	某机关文	事　由	原件	
							字	号
		二十四		发	俄国阔署使照会	中立禁令已弛上海烟台俄船应准交收由		
		二十九	收		日本内田公使函	和约施行应令在沪及烟台俄船料理驶回已阅悉由		

光绪三十一年九月廿日收总税务司赫德函一件
两战国议和所有中立各事应否开弛希酌示由

光绪三十一年九月二十日收总税务司赫德函称：溯自东方用兵以来，中国宣布中立条规，即经通行各该口恪遵办理在案。现据江海、津海、芜湖等关税务司电称，闻两战国业经议和，所有中立义务应否仍行遵守、抑应开弛之处请示前来，并准驻京大臣等与总税务司面询前由，均经以尚未奉有明文分别答复去讫。窃维此事应迅速酌定办法，若贵部得有两战国议和确信，所有向办之中立各事应否开弛，希即速为酌夺，备文示知，以便通饬遵行为要。

光绪三十一年九月廿一日收俄阔使照会一件
俄日和约现已批准请电饬上海等处将战时兵船官弁所出甘结作废并请将该船安排机器军装由

光绪三十一年九月二十一日收俄国公使阔照会称：兹准本国外部大臣公爵兰电开：光绪三十一年九月十六日本国大皇帝将俄日和约条款御笔批准，并于十七日彼此互相电达批准之信，由十七日起施行和约等因前来。本署大臣据前因照会贵王大臣查照，并请转电饬上海及烟台各处地方官，将战时于各该口岸本国卸军器兵船之官弁兵等所出甘结即应作废，并从速将该船安排机器、军装，以免生各（各生）枝节为要。

光绪三十一年九月廿一日发总税〔务〕司赫德札一件
中立条规一律开弛转饬各国遵照由

光绪三十一年九月二十一日发总税〔务〕司赫德札称：本月二十日据总税务司函称，闻两战国业经议和，所有向办之中

立各事应否开弛,希速备文示知,以便通饬遵行等因。本部查
日俄和约已经批准,所有前颁中立条规及一切禁令自本月十九
日后一律开弛。相应札行总税务司,转饬各关税务司遵照办理
可也。

光绪三十一年九月廿三日收总税务司赫德呈一件
自本月十九日起所有中立禁令已饬各关一律开弛由

光绪三十一年九月二十三日收总税务司赫德呈称,奉到本月
二十一日钧札,内开:本月二十日据总税务司函称,闻两战国业经
议和,所有向办之中立各事应否开弛,希速备文示知,以便通饬遵
行等因。本部查日俄和约已经批准,所有前颁中立条规及一切禁
令自本月十九日后一律开弛,相应札行总税务司,转饬各关税务司
遵照办理等因。奉此,总税务司除遵即转饬各关税务司查照办理
外,理合备文,申复贵部鉴查可也。

光绪三十一年九月廿四日发俄署使照会一件
中立禁止已弛上海烟台俄船应准交收矣(由)

光绪三十一年九月二十四日发俄国署公使阔照会称:光绪三
十一年九月二十一日准照称:准本国外部电开:俄日和约条款于
本月十六日批准,并于十七日彼此电达批准之信,由十七日起施
行。请转电上海、烟台各处地方官,将战时本国卸存军器兵船之官
弁等所出甘结作废,并速行将该船安排机器、军装等因。查贵国与
日本和约业经批准,中国在前一切中立禁令自应一律解弛,所有上
海、烟台各俄船顷已电知南北洋大臣转饬交收矣。相应照会贵大
臣查照。

光绪三十一年九月廿九日收日本内田公使函一件
和约施行应令在沪及烟台俄船料理驰（驶）回等已阅悉由

光绪三十一年九月二十九日收日本国公使内田康哉函称：前准函称：查上海及烟台两处中国扣留各俄船曾经拆卸机件，出具甘结，俟战事毕后准其回国。现在贵国与俄国和约业经施行，中国中立之义务已完，相应准令俄船料理驶回。除照复外，相应函达查照等因。本大臣均已阅悉，相应函复贵王大臣查照可也。

吉林筹办善后并派员备顾问案

	厅/司	科	类共计	件	编		
总事由							
年	月	日	收	发	某机关文	事　由	原件
							字 | 号
光绪卅一	十一	二十五	收		吉林将军函	详陈筹办善后内政外交情形并保〔分〕巡道方朗堪备顾问由	

总事由：

吉林筹办善后并派员备顾问案

光绪卅一年十一月吉林将军函陈筹办善后内政外交情形并保分巡道方朗堪备顾问由。

光绪三十一年十一月二十五日收吉林将军函一件

详陈筹办善后内政外交情形并保分巡道方朗堪备顾问由

光绪三十一年十一月二十五日收署吉林将军函称：窃桂前肃寸楮，计邀俯照。吉省内政废弛，外交棘手，图治维艰。前已略陈梗概，谅蒙钧鉴。现在两国和成，一切善后各事均须加意讲求，急思补救。桂受国恩深，敢不勉竭血诚力图报。称迩来交涉幸就范围，俄兵退驻吉境，虽云雾集云屯，纷至沓来，而经过各处所住民房均系会同委员采择匀给，不自强占；即买卖各物，亦皆随时照市公平给价，地方尚称安静。惟俄之工人因该国改立宪政，哈尔滨于十月十一日忽然聚众生变，各铺闭门三日，致抢俄商两三家，所幸华民、华商尚未被扰。旋经俄员弹压，已皆星散，近俱安然，照旧生理。闻海参崴亦于十月十六日有俄国乱党焚毁洋行，抢掠华俄商民财物人命之事，并闻俄之双城子暨吉林边界五站地方相继起事，刻皆平复。但彼之内乱不靖，即我之外患堪虞。况现在大兵压境，麇集腹地，退期甚远，设有不慎，则肘腋之患不堪设想，是防范戒严，竟旦夕不敢稍懈。此近来交涉之大概情形也。内政待治孔殷，头绪纷繁，缓图固不可，欲速恐不达，惟有次第整顿，先其所急。桂愚振兴庶务，非筹款无由创办，非得人不能经理。现将清赋放荒按照奏定章程，先于未经扰害地方严饬各员实力勘丈，并将查出旗地分起奏报，及时升科，协济饷糈。各处捐税严饬员司实力经征，密加查察，剔除积弊。总期涓滴归公，能于捐税多一分之盈余，即饷源多一分之接济。嫌怨二字，在所不计。学堂为教育人材当务之急，吉林边省素鲜师范，拟请由大学堂卒业生内延请一二名来吉，俾资启迪。其愿赴东洋游学人员先后共有二十员名，亦拟分起续奏，发给川资膏火，派员护送东往。巡警则仿照直隶章程，于奏请后先于省城创立，将来由近及远，推至各城各乡一律仿行，庶盗源可弭而闾阎得以获安。此外如立商会以挽利权，开矿务以杜觊觎，皆系目前要政，拟与赵、程两君会商定章，分别条奏。此筹办内政之大概情形也。惟以时局艰难，自维谫陋，汲深绠短，窃恐无补于时。所幸三省现均联络一气，各事有所凭依，非特有益于内政，即抵制外交亦可易期得力。仍乞随时随事指示机宜，俾有遵循而免陨越，地方幸甚，大局幸甚。恭肃寸缄，敬请崇安。

敬再肃者：日俄两国和成，各派使臣赴京开议立约。吉林地当铁轨交接之处，此次议约动关利权。所有地方今昔情形，亟宜派委熟悉之员赶速赴京以备顾问。查现任吉林分巡道方朗兼充交涉总理，在吉有年，情形熟悉，与（于）外交时务均有心得，堪以派往。除奏明咨送大部听候顾问外，肃[①]。

---

① 原文如此，显有脱漏。

黑龙江派员密商善后案

厅/司		科		类共计		件	编
总事由			黑龙江派员密商善后案 光绪卅一年十月黑龙江将军函称有关东三省大局三端呈请裁夺 并派员赴都面陈一切由。				

年	月	日	收	发	某机关文	事 由	原件	
							字	号
光绪 卅一	十	初三	收		黑龙江将军 程德全函	历述有关东三省大 局三端并派宋小濂 赴京面陈一切由		

光绪三十一年十月初三日收署黑龙江将军函一件
密件

光绪三十一年十月初三日收暂署黑龙江将军程德全函称：窃章京①猥以庸才，谬承重任，所有历办情形，业经随时禀慰厪系。顾章京愚意，人臣受国厚恩，忝膺疆寄，凡分内应办之事，无论若何艰阻，均当躬自肩任，不敢贻忧君父。特事值万难之会，见强邻势偪处此，非外臣力所能为，则又不得不奔走号呼，以求有救于万一。此章京日夜焦虑而不能已于言者，请为王爷、中堂、大人概略陈之。东三省经庚子之变，均被俄人占据，举手置足，动被牵掣，以致各省将军名虽守土，实皆听命俄人。自东邻仗义，胜负显分，东省似有转机，然以虎易狼，利未见而害已伏，小民之涂炭尚不必言。兹幸天心厌乱，两国和议告成，其十七款内有满洲政事由中国自主，日俄不得干预一条，尚可徐图补救。第铁路自长春分界，是隐然自画鸿沟，以东以西各视为势力范围。此次和局，中国既未与议，则未了之事正多，将来俄人有何利益，日必援以要求；日人有何利益，俄必引为成例。彼此观望，互有均霑，中国遂不堪其扰矣。浩劫残区，何可再遭剥削。此可虑者一也。日俄和约，两国退兵仍各以十八个月为期，驻兵日久，难保不别生枝节。且俄国近复添兵，不知是何居心。庚子以后东三省中俄交涉未结者若干，中俄合同胁（协）定者若干，中国主权利权被俄强夺者若干。日俄战局虽结，中俄事故方殷。若不乘此机会理商力争，久将视为固然，甚且胁以兵威，莫能抵抗。即日人在奉，亦将惟力是视。日俄和约闻限五十日各呈国家画定，彼时日俄邦交复旧，各出其力以谋我，恐东三省

---

① "章京"二字侧写，系程德全的自称，下同。

终非中国有也。此可虑者二也。东三省地处边隅，形同犄角，本应
联为一气，始足以捍御外侮。自庚子以来，因办事各不相谋，力分
势散，俄人乘隙要胁，得之于此者即以求之于彼，事有比例，无从拒
绝。现复两强并峙，因应尤为非易，非结成团体互相维持，断难抵
制。否则畛域一分，必至有唇亡齿寒之患。此可虑者三也。以上
数端，皆东三省大局所关，谅王爷、中堂、大人早经筹及。然章京犹
不能不过虑者，则以事势促迫，间不容发，稍一迟回，即难挽救。拟
请钧座由中请旨，宣告友邦，邀同各公使即与俄国开议，将庚子以
后未结交涉及胁定合同强夺权利磋商力争，重订新约，务获后已。
日本在奉天应办各事亦同时开议。日人既仗义于前，俄人又挫败
于后，迫之以公义，动之以婉言，日俄虽强，当不至毫无顾忌。但近
年势急事难，多有未及奏咨者，一切情形当轴恐难尽悉，并应饬东
三省各派熟悉情形专员赴京与议，以备顾问，免致笼统定约，受愚
彼族，后难挽回。并将东三省各口岸以及附近铁路各域均自行开
作商埠，准各国前往通商，庶几交通便利，共保和平，免彼一二强国
把持。至于外间各事，仍由东三省将军坚持定力，联合酌办。章京
愚虑所及，未识于事机果否有当，伏望裁夺。吉奉两省亦经寄函相
商。王爷、中堂、大人如以为然，即请奏明饬下各该将军遵办。惟
道远事繁，其中层累曲折，非禀牍所能悉述，兹派文案处总理试署
海伦直隶厅同知宋小濂赴都面陈一切。该员留心时事，熟悉情形，
机暇垂询，必尽言无隐。事急矣，务乞早予定断，实为幸甚。临禀
无任悚切之至。专此肃禀。

关于收回东三省案

厅/司		科		类共计		件	编	
总事由				关于收回东三省案 光绪卅一年五月驻韩曾大臣函述日使言归还东三省事决无变更等情,七月驻英张大臣函详瑷珲条约关于洞开东三省各情由。				

年	月	日	收	发	某机关文	事　由	原件	
							字	号
光绪卅一	五	十七	收		驻韩曾大臣致丞参函	函述日使言归还东三省事决无变更又与言中韩边界事预为地步又拟调译学馆学生及借款修署各情由		
					附录再启	附咨呈学务处公文请察阅后再行代投由		
					附录记事	五月十八日日本特〔派〕大使博恭王殿下迎接节次由		
	七	二十三	收		驻英张大臣致丞参函	详陈瑷珲条约关于洞开东三省各情由		

光绪三十一年五月十七日收驻韩曾大臣致函参函一件

函述日使言归还东省事决无变更又与言中韩边界事预为地步又拟调译学馆学生及借款修署统祈回堂又致学务处文请饬送由

光绪三十一年五月十七日收驻韩曾大臣致丞参函称：四月初五日肃奉第四号信，谅登清察。日使林权助于四月中旬自国返汉，来署谈及闻中国为东三省事有托美法等国从中干预之意，其实日本归还东三省之言不独与中国声明，亦曾告知他国，既经出口，决无变更。更况此乃日俄与中国之事，本与他国无涉等语。弟答以贵政府之意本政府深知，将来必可践言，未闻有转托他国之事。因与言及中韩边界，大指谓奉吉两省，图们、鸭绿两江天然界限由来已久，其北垦岛一带现因越垦渐多，屡被纷扰，横生枝节，本欲会勘定界，以清辖辖。会值贵国与俄有事，经贵国驻俄北京公使来言，是以暂从缓议。将来战务一定，即当办理是事。该地本我所有，实无让韩之理，或将与韩有益之商务酌予通融，以期彼此有益，三国均便。日使谓，该地越垦甚多，动辄滋事，若由韩官驻理，当可相安。弟以韩政苛虐，如令派员，必更纷扰，累及华人，恐难允行。日使亦尚谓然。弟之用意，因见日人在韩势力日张，难保将来不干预此事，是以乘机谈及，预为地步。至韩国贺捷大使李载觉回国之后，日派伏见宫博爱（恭）亲王前来答礼，西历二十二号到此，并举行京釜铁道开通礼式，二十日出京，在仁川小驻候轮，前赴大连湾一带。兹将一切礼式节次附呈。俄国波罗的海第二、第三两舰队共轮二十七艘在釜山、元山之间海面或被击沉，或被捕获，至二十三艘之多，两司令官均为俘虏，其余四船不知下落。日所毁失只鱼雷艇三只而已，实非意计所及。至商务一切尚称安谧，惟因裁兵较多,汉城附近盗风颇炽,即城内亦时闻劫掠之事,闻有华商被抢者。云山有华工被韩人误毙一案,平壤有华工因索债毙命一案,正在勘讯。元山地方有日司令官交来误违中立之华民二十五人,业已酌量妥办矣。另文请调译学馆学生并借款修署二事,实为经费支绌,交涉繁重,不得不作变通之计,以期兼顾,并祈代陈堂宪核准施行,不胜祷跂(附册一件)。

敬再启者:附呈咨呈学务处公文乙角,敬请察阅后即代为饬投为感。

照录五月十八日日本特派大使博恭王殿下迎接节次。

釜山迎接:

一、迎接委员择定率甫伊前往釜山迎接事。

一、特别汽车准备事。

一、大使到着釜港时休憩所预先准备事(休憩所内酒茶烟草准备事)。

一、小蒸汽船准备事。

一、大使迎接时港内护卫等事自该港监理署专任事。

一、大使所乘四人轮轿自京携去,而随员所乘人力车自该港准备事。

一、大使上京时汽车内午餐准备事。

一、大使一行行李查检携来事。

南门外停车场迎接:

一、迎接委员择定事(迎接委员着小礼服事)。

一、大使所乘黄四人轿一坐及青四人轿四坐,人力车限十辆,预先准备,而大使若乘马车则黄四人轿置之事。

一、大使乘黄四人轿入京时警务厅总巡两人乘马,宪兵两名、步兵半小队并徒步在轿前；总巡两人乘马，宪兵两名、步兵半小队并徒步轿后护从事（护从人员并着小礼服事）。

一、大使自停车场至宾馆时派送军乐队事。

一、大使到着停车场时仪仗兵以大队自镇卫队派送事。

一、灯笼二十双自主殿院派送于停车场，而大使乘马车入京则置之事。

一、大使自停车场至宾馆时警务厅巡检列警卫于道路左右及历路通衢事。

一、大使通常出入时警务厅总巡两人乘马、宪兵两名徒步在轿前，总巡两人乘马、宪兵两名徒步在轿后护从事。

一、大使进宫及离京时护从节次入京时亦同事。

一、大使宾馆灯笼五双永派举行事。

一、大使宾馆主殿院警务官一员、总巡一人、巡检六人、侍卫队小队长一员、兵丁一分队常时永派护卫。而大使出入时不为护从事。

一、大使宾馆黄四人轿一坐、青四人轿四坐、人力车十辆常时等待事。

一、大使伴接委员预先另定常时接待事。

一、礼式卿奉命劳问于大使宾馆以来事。

一、陛见日字奉旨订定后，礼式卿前往通知于大使宾馆且知照于日公馆事。

一、陛见正日伴接官带同总巡四人、宪兵四名、步兵一小队领率黄四人轿一坐、青四人轿四坐、人力车十辆前往大使宾馆，由皇宫正门伴接以来事。

光绪三十一年七月二十三日收驻英张大臣致函参信一件

密件（详陈瑷珲条约关于洞开东三省各情由）

光绪三十一年七月二十三日收驻英张大臣致丞参信称：本月初五日肃寄英字第一百十五号芜函，计达台览。前接枢电，奉旨一道，当即钦遵条覆。末条内所请知照俄人删去爱（瑷）珲条款（约）第一款一节，查爱（瑷）珲条约敝处只有法文，并无汉文，该款中句其与所议洞开东三省一条最有关系者，曰黑龙江、松花江及乌苏里河等处止准大清国及俄国船只往来行驶，别国船只一概不准云云。执是以言，如果欲洞开东三省，非先废此款不可。但废约一事不可轻言，若有成案可援，则此事即非创办，不至骇各国听闻。兹查一千八百五十六年俄土战后订立巴黎条约时，约中曾载有一款，订明俄国不得于黑海创立海军。俄国当时虽无如之何，而心终不愿也。至一千八百七十年普法战后，法之兵威已挫，俄政府遂行文各国，声明巴黎条约限制俄国不得在黑海创立海军一款，俄政府以后即不遵守。所以不能遵守者，其故有三：一、黑海作为局外之地之说止有其名而无其实；二、当日时局情形与立约时情形不同；三、各国兵船曾有违背巴黎条约驶进黑海者。当时英国外部大臣为伯爵格兰费尔，彼谓俄国声明文件内所指之三端皆可置之不理。盖各国合订之条约，如一国不欲遵守，则当请命于各国方为合理。今就俄国声明文件而论，以各国公共所立之条款遵守与否，一国可以随便如是，则将来立约有何益哉！俄人亦韪其言，旋即请订立巴黎条约之各国商议此事。后俄虽得偿其愿，然一国不能擅废条款之说亦于是申明矣。以上各情日后或有可采，爰择要详陈，以备茨察。至爱（瑷）珲条约第一款，恐庚子乱后大部文卷或有遣（遗）失，无从查考，谨照条约官本彷印一纸。汉文无底稿，无从钞录。又，今日

《泰晤士报》载云，俄廷现改派微德为议和大臣。昨日晚报亦有是说，并云随行者有驻京使璞科第云。查微德前为户部大臣，此次战争彼甚不以为然，后为主战党所倾，遂致罢官。此人工于心计，最善理财。彼之政策主以财谋人国，而不主以兵夺人地，行事之迟速虽有不同，而其为害人国则一也。又顷据英兵部侦探司员守备贝尔面称，现有统带瑙斯桑姆墩营守备蓝雅德，拟随同副将蒲露斯取道叶尔羌等处前赴北京，除副将蒲露斯已领得护照外，请再发该守备护照一纸等语。当即核准照给，即乞大部转咨各处妥为保护。以上各节，统祈代回堂宪是祷（附爱［瑗］珲〔条〕约第一款洋文一件）。

东三省自开商埠案

厅/司		科		类共计		件	编	
总事由		东三省自开商埠案 光绪卅〔一〕年十月北洋大臣函称东三省自开商埠宜会同商部遴派明练商务洋务大员先行勘查酌定缓急,总税务司亦函陈东省问题四大端由。						
年	月	日	收	发	某机关文	事　由	原件	
							字	号
光绪卅〔一〕	十	初九	收		北洋大臣袁世凯函	东三省自开商埠宜会同商部遴选明练商务洋务大员先行勘查酌定缓急由		
		十一	收		总税务司赫德函	东省问题就管见所及敬陈四大端乞鉴核由		

光绪三十一年十月初九日收北洋大臣函一件
东三省自开商埠宜由商遴明练商务大员先行勘查酌定缓急由

光绪三十一年十月初九日〔收〕北洋大臣袁世凯函称：接奉九月十四日密函，祗聆一是。东三省自开商埠，大部与商部筹议各节，援据约案，指陈形势，洵已洞中肯要。赵将军原函亦颇详切，无任钦佩。查日俄和约现已批准宣布，既有不阻各国一体均霑之条，即可任我开放。我于两国和约未经宣布以前明降谕旨，自开商埠，已占先着，足以保我主权，全我国体。至应开各埠，除美日商约、旅大租约已载之奉天省、安东、大东沟、大连湾四处外，其余应由我自开若干处，似宜缓议。待彼国与我议约后，察各国意向如何，或广开多埠，或略开数埠，届时方能定我宗旨。盖东三省巡警未备，筹款甚难，我又无治外法权，以不宜遽开多处。尤要在先由大部会同商部，遴派明练商务洋务大员驰往三省通盘勘查，何处宜亟开，何处宜稍缓，依次筹办，较为得宜。统乞荩裁。

光绪三十一年十月十一日收总税务司赫德函一件
东省问题就管见所及敬陈四大端乞鉴核由

光绪三十一年十月十一日收总税务司赫德函称：窃维东三省问题议论纷纷，莫衷一是，若主议者胸无成竹，则头绪纷繁，将从何处议起？总税务司窃有所见，敢敬陈之。一系地方。从前中国租与俄国之地，现则改组（租）与日本，照俄国在该地方之章法无异。一系铁路。凡俄允割让之铁路，交由日本管理。从前中俄有何章程，日本一律照办。一系交地撤兵。交战之兵，自必按定期一并撤去。在未撤兵以前，应定期将各地方交还中国自治。一系恤款。战地被害之民，似应酌筹抚恤之款。有此四大端为张本，其余琐事或增或减,应归某端,不难酌定,或作为善后条款亦可,系指迤南与日本协商之大端。至迤北与俄国所商之件,亦不外是,不过将此旨重为申明而已。管见所及,合极(亟)备函,呈请鉴核为荷。专是布达。

英股　督修官　童德璋
承修官　长福
校对官　长晖①

---

① 以上内容并列影印于单页之上,头衔为戳记,姓名为手写。

吉林垦荒案

厅/司	科	类共计	件	编

总事由	吉林垦荒案 光绪卅一年六月黑龙江将军函称遵旨赴吉林并日俄两军在吉林 情形由。

年	月	日	收	发	某机关文	事 由	原件 字	号
光绪卅一	六	初十	收		黑龙江将军达桂函	详陈遵旨赴吉林并日俄两军在吉林情形由		

光绪三十一年六月初十日收查看吉林垦荒事宜署黑龙江将军达桂函一件

详陈遵旨赴吉并日俄两军在吉情形由

光绪三十一年六月初十日收查看吉林垦荒事宜署黑龙江将军达桂函称：窃桂前于四月十二日钦奉电传谕旨，来京陛见。方幸得觐天颜，面聆圣训，并藉以躬承钧诲，有所遵循，俾免陨越之虞，当于十八日即行起程。及抵双城子属界，探询前途多阻，正拟北绕蒙古站道进发。旋复奉旨：毋庸来见，着即前往吉林查看垦荒及地方一切情形等因，钦此。钦遵改道赴吉，兹于五月初一日抵省。沿途查看经过地方距战地较远，民情尚属安谧。惟闻长春、伊通两属居民纷纷迁徙，加以道路梗塞，各处食用物价均较平时昂至十倍有奇，实有日不聊生之势。且两战国并不守定战线，一则分头攻绕，一则逐节设防。昨据报称，省城西南之夹皮沟地方，东南之额穆索、敦化县等处均有两强之兵时常往来，距省止三四百里不等，而附近城边之阿什哈达、东团山子一带又经露①人添筑炮台，并搭造浮桥，不准民船经过，是以人心未免惶惑。尤可虑者，东山一带伏莽向多不靖，近更乘机时思蠢动。脱有疏虞，不惟地方被其扰害，且恐破坏中立，贻误大局。现拟会商吉林将军，先其所急抚绥难民，并饬各路驻扎军队加意防范，严守局外之例，免致滋生事端。仍拟照会两战国划定界限，勿任四出窜扰，致有他虞。能否做到，殊无把握。至奉旨查看各件，现已调集卷宗，博加采访。容俟查有头绪，自当懔遵谕旨，悉心筹画，详晰奏陈，断不敢稍有回护，致蹈欺饰之咎。惟是桂智识短浅，安有深谋至计，足以上酬朝廷清问。

---

① 露，即日文汉字"露西亚"的简称，指俄国。

且明知事权不属,能言未必即行。然际此势迫时危,宁使言之不当,而有待拆(折)衷,敢因行之维艰而自安缄默?伏愿俯鉴微忱,有以进而教之则幸甚。

库伦浚地设垦局案

厅/司		科		类共计	件	编		
总事由				库伦浚地设垦局案 光绪卅年九月户部文称议复库伦大臣请设清垦局一折录旨抄奏 知照由。				
年	月	日	收 发	某机关文	事 由		原件	
							字	号
光绪卅	九	二十一	收	户部文	议复库伦大臣请设〔清〕垦局一折录旨抄奏知照由			
				附录奏稿	清垦局经费应由印票酌抽一厘由			

九月二十一日收户部文一件

议浚（复）库伦大臣奏库伦后地蒙民租佃拟请设〔清〕垦局一折录旨抄奏知照由

光绪三十年九月二十一日收户部文称：山西司案呈本部议覆前任库伦大臣德奉（奏）〔库〕伦后地蒙民租佃拟设清垦局以杜外人私垦一折，光绪三十年九月二十日具奏，奉旨：依议，钦此。相应抄录原奏，恭录谕旨，咨呈外务部遵照可也。

照录奏底

户部谨奏。为遵旨议奏事：库伦大臣德麟奏，后地蒙民租佃拟设清垦局以杜外人私垦一折，光绪三十年正月二十九日奉朱批：户部议奏，钦此。钦遵由军机处交出到部。据原折内称，库伦迤北图盟部落内伊璋等处地方，总名之曰后地。该处地气稍暖，每届夏令，堪种油麦，秋霜晚降，可望收成。蒙古习于游牧，不事耕获，商人代彼垦种，按年纳租，次年另行定议。因地瘠土薄，仅可种一二年。以租徙无常，其地蒙商杂处，不肖商人每有盗典于俄人情事，一经发觉，驱逐甚难。与其清结于后，何如查禁于先。查定章，领有嘉庆八年执照票张者，准其游牧、居住、种地。今无票亦多垦地，积弊日深。若不严加整顿，无以杜外人而禁私佃。查此事向由库伦商民章京管理，近因该章京事务殷繁，势难兼顾，察访不及。拟设清垦局，由局员撤（彻）底清查，如有无票民人私自开垦，或侵及牧厂、封堆，立即照例惩处。其领有嘉庆八年票张，亦按票内所开顷数相符方准佃种。倘再有私立字据盗典于俄人者，即会同俄员秉公办结。申明旧章，以后不准越殂（俎）。逐一查清后发给印票，注明租主、佃户姓名、旗籍、地亩界址，每年换票一次，由局员随时稽察以清边地。惟设局派员，薪费无筹，委员拟给薪水三十两，车价二十两，心红、纸张十两，或由口北道库照数领发，或由印票酌抽经费一厘以资办公等语。臣等伏查库伦后地蒙民租佃拟设清厘局以杜外人私垦，事关交涉，臣部未便悬拟。当经臣部片查外务部，去后，旋据覆称，该大臣所奏拟设清垦局，系为清理地亩以免侵占起见，应由该大臣酌查情形办理。至所请设局派员，薪水经费应仍由户部核议等语，当即行令库伦大臣查明由印票酌抽经费一厘有无窒碍，详细声覆。旋据覆称，查库伦衙门向无款项，凡需公费统由口北道发，因有此请。其由印票酌抽经费一厘，体察情形无甚窒碍。然取之于民间，总不如由口北道照发为宜等因。当由臣部行查直隶总督，查明口北道库有无闲款，能否按年筹拨。嗣据直隶总督覆称，遵查道库自庚子变乱以后日形支绌，并无闲款可筹，无凭拨给等因。臣等悉心酌核，诚如外务部所称，该大臣为清厘地亩免致外人侵占起见，应由该大臣酌查情形办理。今既据该大臣声称，由印票酌抽经费一厘，体察情形无甚窒碍，应如所奏办理。现在该大臣业经开缺，相应请旨饬下新授库伦大臣朴寿认真稽察，毋得任听委员、胥吏稍有需索，致滋扰累。虽据前大臣德麟覆称，按年纳租，系该蒙人地主所得，并非由官征收，所有顷数、租数未经清查，均难悬揣。仍令将酌抽经费一厘共印票若干张、计地若干顷，并抽过银若干两，按年分晰造册送部，并将派委衔名、设局开支薪水各日期先行报部。所有臣等遵议缘由，恭折具陈。再，此案因往返行查，是以覆奏稍迟，合并声明，伏乞皇太后、皇上圣鉴。谨奏。

督修官　童德璋

承修官　长福

校对官　傅嘉年①

---

① 同前《东三省自开商埠案》。其中头衔戳记极为模糊，兹参照前文补齐。

尹克昌条陈案

厅/司		科		类共计	件	编	
总事由		尹克昌条陈案					
		光绪卅一年二月军机处交片称尹克昌条陈奉旨外务部知道由。					
年	月	日	收	发	某机关文	事　由	原件
							字	号
光绪卅一	二	二十五	收		军机处交片	内阁代奏中书尹克昌条陈一折奉旨外务部知道由		

光绪三十一年二月二十五日收军机处交片一件

内开代递中书尹克昌条陈一折奉旨外务部知道钦此

　　光绪三十一年二月二十五日收军机处交片称：交外务部。本日内阁代奏中书尹克昌条陈一折，奉旨：外务部知道。原呈一件并发。钦此。相应传知贵部钦遵办理可也。此交。

图书在版编目(CIP)数据

日俄战争清政府因应档案／吉辰整理. —上海：
上海古籍出版社，2020.7
（近代中外交涉史料丛刊）
ISBN 978-7-5325-9608-9

Ⅰ.①日… Ⅱ.①吉… Ⅲ.①日俄战争—史料 Ⅳ.
①K313.430.6

中国版本图书馆 CIP 数据核字（2020）第 066653 号

本书由中央高校基本科研业务费专项资金（项目号：20wkpy35）资助

近代中外交涉史料丛刊

日俄战争清政府因应档案

吉　辰　整理

上海古籍出版社出版发行

（上海瑞金二路 272 号　邮政编码 200020）

（1）网址：www.guji.com.cn
（2）E-mail：guji1@guji.com.cn
（3）易文网网址：www.ewen.co

浙江临安曙光印务有限公司印刷

开本 890×1240　1/32　印张 8.125　插页 3　字数 182,000
2020 年 7 月第 1 版　2020 年 7 月第 1 次印刷
ISBN 978-7-5325-9608-9
K·2836　定价：42.00 元

如有质量问题,请与承印公司联系